新保育内容シリーズ

【新訂】子どもと環境

中沢和子●著

萌文書林 HOUBUNSHORIN

新訂版はしがき

　この本は，初版発行以来18年の歳月を経てきた。18年といえば決して短い期間ではないので，この機会に，幼児教育を中心とした社会の変化を振り返り，改めてその使命を考えてみることにしたいと思う。

　この間に起こった最も大きな変化といえば，地球環境に対する人々の関心が世界的に高まったことであろう。実際に毎日報道されるニュース番組を見ても，地球環境や生物資源保護などが日常的な話題となっている。これはもとより現代人として重要な考え方ではあるが，地球という言葉が実体を離れて使われ過ぎると，時として「地球にやさしい」と言えばそれですべて問題が解決してしまうような錯覚も起こしかねない。地球環境を考えるとき私たちは，極めて大きな存在と向かい合っていることを忘れてはならないのである。

　一方，私たちの保育の対象である子どもの研究についても，この期間に大きな変動を経てきている。当初は教育学や心理学に従う所が多く，科学的研究であろうとするために，極めて部分的・実験的研究となる傾向が強かった。そのために保育にとって研究とは何かという論議も起こったほどである。

　しかし部分的研究も積み重なるに従って厚みを増し，特に保育所の乳幼児研究も盛んになってきた。その結果，乳児でもごく初期から環境と活発な相互作用を持ち，その総合的な相互作用が乳幼児の成長そのものであることが明らかになってきたのである。これを考えるとき，実際に「幼児教育は環境を通して行う」という言葉の重みを感じるであろう。そして乳幼児を保育する保育者は，子どもにとって最も重要な環境の一員なのである。

　この18年間の社会の変化に限って見ても，環境の変化は必ずしも子どもにとって好ましいものばかりとは限らない。しかも子どもが何を求めているかを自ら発言することはできないから，保育者が子どもの声を代弁しなければならない。社会に対し子どもの声を代弁していくことは，社会に対する保育者の責任であり，保育者の専門性なのである。

子どもはいま何を感じ，何を語ろうとしているのだろうか。私たちは子どもの日常生活からそれを読み取っていかなければならない。そのためにこの本では，実際に観察された事例に従って内容を展開する方法を試みた。一つ一つの事例は，直接著者または著者の研究グループの保育者の観察によるもので，どれにも確実な記録がある。また写真はすべてがその事例そのものによるものではないが，内容に深い理解をもって適切な美しい写真を提供された細川ひろよし氏に深く感謝を申し上げる。

　これらの事例から子どもの心を読み取り，子どもの行動と環境との関係を考える手がかりとして頂くことができれば幸いである。

　なお，本年3月に幼稚園教育要領が改訂され，また保育所保育指針も改定・告示された。平成元年(1989)に施行された幼稚園教育要領は，子どもの発達特性に基づき，環境を通して行う教育を基本とした点で画期的なものであった。それから1999年の改訂を経て今回の改訂となったわけであるが，その総則に示された幼児教育の基本は変わることなく引き継がれている。また，今回の改訂での保育内容の「環境」について言えば，その「ねらい」「内容」についてはまったく変更がない。ただ一点「内容の取扱い」の中で，"他の幼児の考え方などに触れることの大切さ"が挿入されているのみであるが（本書巻末の資料参照），新しい幼稚園教育要領，保育所保育指針等の条文との表現の整合性を図り，本書も全章にわたって見直し，必要部分を改訂し，新訂版とした次第である。

2008年7月

著　者

　本書の執筆者であられた中沢和子先生は2016年にご逝去されていますが，その原稿内容は古くなく，ご遺族のお許しを得て，そのまま掲載いたしております。またこうした状況から改訂が難しく，読者の皆さまにはご不便をおかけしますが，教育要領・保育指針の引用箇所は適宜最新のものに読み替えてください。

〔萌文書林　編集部〕

初版はしがき

　この本は，保育内容「環境」について考え，実践していくために，将来保育者を志す学生と現職保育者の方々，また広く乳幼児保育に関心のある方々の参考になることを願ってまとめたものである。

　環境は私たちを包み，私たちと共にあるものすべてである。私たちを取り巻いて地上には空気が満ち，太陽が照らし，光は風をさそう。私たちが意識していてもいなくても，環境はいつも私たちの生活を支えている。子どもは生命あるものとして始めから成長する力をもち，この環境の中に生まれてくる。子どもにとって，生活とは成長することそのものなのである。平成元年に施行された幼稚園教育要領で，幼稚園教育の基本は環境を通して行うものであることが示されているのは，この子どもの特性を教育の中心に据えた，まことに画期的な方針といえよう。

　環境という言葉は，社会のさまざまな分野で広く使われている。特に地球環境の問題は，21世紀の大きな課題であろう。21世紀の課題とは，まさに今の子どもたちの課題にほかならないのである。この本では，大きな視点からみた地球環境も，いま子どもが摘んでいる園庭の草も，同じかかわりの中にあることを中心に，まず第1部で広く環境について考え，第2部では具体的な子どもの発達の姿と環境のかかわりについて，第3部では環境の準備について，より具体的に考えられるようにした。この本が子どもたちと環境について，少しでも読者の方々の視野を広げるものとなれば，この上ない幸いである。

　1990年3月

著　　者

もくじ

第1部　子どもの生活と環境

第1章　幼稚園教育要領について …… 2
 Ⅰ　幼児教育と社会の動き …… 2
 Ⅱ　幼稚園教育要領の基本と目標 …… 3
  1．幼児教育の基本 …… 3
  2．幼児教育の目標 …… 4
  3．保育所保育指針について …… 5
 Ⅲ　幼児教育の特質 …… 5
 Ⅳ　領域の見方 …… 6
  1．5領域の関係 …… 6
  2．ねらいと内容 …… 7

第2章　人間の生活と環境 …… 8
 Ⅰ　環境の主体と要素 …… 8
 Ⅱ　環境と人間の知識 …… 9
  1．生きるための環境 …… 9
  2．社会生活と環境 …… 10
  3．働くための環境 …… 10
  4．住むための環境 …… 11
 Ⅲ　環境と教育 …… 11

第3章　子どもと園の環境 …… 13
 Ⅰ　子どもを主体とする環境 …… 13
 Ⅱ　環境にかかわるとは …… 15
 Ⅲ　環境の重なり …… 16
  1．物と人のかかわり …… 16

2．自然と社会の重なり……………………………………………*17*
　Ⅳ　遊びと環境のかかわり………………………………………*19*

第2部　子どもの発達と環境のかかわり

第4章　誕生から歩行まで……………………………………*22*
　Ⅰ　胎児期………………………………………………………*22*
　Ⅱ　はじめての世界……………………………………………*23*
　Ⅲ　乳児期の発達と環境………………………………………*24*
　Ⅳ　保育者の役割………………………………………………*27*

第5章　歩行から3歳まで……………………………………*29*
　Ⅰ　発達の姿……………………………………………………*29*
　Ⅱ　環境とのかかわり…………………………………………*30*
　　1．探　索………………………………………………………*30*
　　2．ためす・繰り返す…………………………………………*31*
　　3．模　倣………………………………………………………*32*
　Ⅲ　保育者の役割………………………………………………*35*

第6章　3歳児期………………………………………………*37*
　Ⅰ　発達の姿……………………………………………………*37*
　Ⅱ　環境とのかかわり…………………………………………*39*
　　1．環境の準備…………………………………………………*39*
　　2．活動の展開…………………………………………………*39*
　Ⅲ　子どもの生活と保育者の役割……………………………*43*
　　1．子ども集団の発達…………………………………………*43*
　　2．保育者の役割………………………………………………*45*

第7章　4歳児期………………………………………………*46*
　Ⅰ　発達の姿……………………………………………………*46*
　Ⅱ　環境とのかかわり…………………………………………*48*
　　1．環境の準備…………………………………………………*48*

2．活動の展開………………………………………………………… *49*
 　Ⅲ　集団の発達と保育者の役割……………………………………… *54*
 　　1．集団の発達……………………………………………………… *54*
 　　2．保育者の役割…………………………………………………… *55*

第8章　5歳児期…………………………………………………………… *57*
 　Ⅰ　発達の姿…………………………………………………………… *57*
 　Ⅱ　環境とのかかわり………………………………………………… *59*
 　　1．環境の準備……………………………………………………… *59*
 　　2．活動の展開……………………………………………………… *60*
 　Ⅲ　集団の発達と保育者の役割……………………………………… *65*
 　　1．集団の発達……………………………………………………… *65*
 　　2．保育者の役割…………………………………………………… *65*

第3部　環境をつくる

第9章　物を扱う…………………………………………………………… *69*
 　Ⅰ　目　　標…………………………………………………………… *69*
 　　1．思考力を養う…………………………………………………… *69*
 　　2．積極性を養う…………………………………………………… *70*
 　Ⅱ　物と行動…………………………………………………………… *70*
 　　1．乳児期〜幼児期初期…………………………………………… *70*
 　　2．3歳児期………………………………………………………… *71*
 　　3．4歳児期………………………………………………………… *75*
 　　4．5歳児期………………………………………………………… *79*
 　Ⅲ　資　　料…………………………………………………………… *83*
 　　1．シャボン玉（3〜5歳児むき）……………………………… *83*
 　　2．風車（4〜5歳児むき）……………………………………… *84*
 　　3．紙ヒコーキ（4〜5歳児むき）……………………………… *84*
 　　4．虫めがね（4〜5歳児むき）………………………………… *86*

5．コ　　マ……………………………………………………………… *87*
　　　6．光・かげ・鏡 ……………………………………………………… *88*
　　　7．磁　　石 ……………………………………………………………… *89*

第10章　生物を知る …………………………………………………………… *90*
　Ⅰ　目　　標 ………………………………………………………………… *90*
　　　1．感受性と観察力を養う ……………………………………………… *90*
　　　2．客観性を養う ………………………………………………………… *91*
　Ⅱ　環境の準備と展開 ……………………………………………………… *91*
　　　1．乳児期〜幼児期初期 ………………………………………………… *91*
　　　2．3歳児期 ……………………………………………………………… *92*
　　　3．4歳児期 ……………………………………………………………… *94*
　　　4．5歳児期 ……………………………………………………………… *97*
　　　5．食　　事 …………………………………………………………… *101*
　Ⅲ　資　　料 ………………………………………………………………… *102*
　　　1．飼　　育 …………………………………………………………… *102*
　　　2．栽　　培 …………………………………………………………… *109*

第11章　大きな自然を感じる ………………………………………………… *112*
　Ⅰ　目　　標 ………………………………………………………………… *112*
　　　1．感受性を育てる ……………………………………………………… *112*
　　　2．環境への視野を広げる ……………………………………………… *113*
　Ⅱ　子どもの行動と保育の展開 …………………………………………… *114*

第12章　文字と数 ……………………………………………………………… *117*
　Ⅰ　文字がある環境 ………………………………………………………… *117*
　　　1．文字を使う生活 ……………………………………………………… *117*
　　　2．文字と読み書き ……………………………………………………… *119*
　　　3．保育者の役割 ………………………………………………………… *120*
　Ⅱ　数と数量 ………………………………………………………………… *121*

1．数量と生活 …………………………………………………… *121*
　　　2．数とは何か …………………………………………………… *122*
　　Ⅲ　発達と指導 ……………………………………………………… *125*
　　　1．言葉と感覚 …………………………………………………… *125*
　　　2．集合数の理解 ………………………………………………… *125*
　　　3．数　　字 ……………………………………………………… *127*
　　　4．大きい数との対応 …………………………………………… *128*
　　　5．順序数・その他 ……………………………………………… *130*
　　　6．形と空間 ……………………………………………………… *130*
　　　7．重　　さ ……………………………………………………… *131*

〈参考〉保育のための計画 ……………………………………………… *133*
　　Ⅰ　保育計画の必要性 ……………………………………………… *133*
　　Ⅱ　計画の方針 ……………………………………………………… *134*
　　　1．年次・年間計画 ……………………………………………… *134*
　　　2．活動を関係づける …………………………………………… *134*
　　　3．他領域との関連 ……………………………………………… *135*
　　　4．行事との関係 ………………………………………………… *135*
　　Ⅲ　保育計画例 ……………………………………………………… *136*
　　　1．年次・年間計画 ……………………………………………… *136*
　　　2．月　　案 ……………………………………………………… *137*
　　　3．週案と日案 …………………………………………………… *140*
　　　4．長期にわたる活動計画 ……………………………………… *143*

〈付録〉〈1〉課　　題 …………………………………………………… *144*
　　　〈2〉参考図書 …………………………………………………… *146*
　　　〈3〉幼稚園教育要領(抄) ……………………………………… *148*
　　　〈4〉保育所保育指針(抄) ……………………………………… *152*

第1部

子どもの生活と環境

第1章

幼稚園教育要領について

I　幼児教育と社会の動き

　平成20年公示（平成21年4月1日施行）された幼稚園教育要領は，平成元年に昭和39年度の幼稚園教育要領以来25年ぶりに大改訂されたものを，原理・原則は踏襲しながら，その後10年間の社会情勢等の変化を加味して平成10年に改訂し，さらにその10年後の今日改訂されたものである。この45年間に，子どもをめぐる社会には大きな変動があった。

　その第一は，39年当時5歳児の就園率は60％に満たなかったが，現在は幼稚園・保育所を合わせてほぼ100％近くに普及したことである。一方，日本の高度経済成長によって全国的に都市化が進んだ結果，子どもの生活環境に大きな変化が起こった。遊び場が大幅に失われただけでなく，家庭の生活様式は衣・食・住どの面についても急速に変わり，核家族化・少子化の傾向が進んだ。また社会では，塾・幼児教室その他各種の教育企業をはじめ，子どもを市場とする産業が増加した。そのさまざまな問題点について，幼児公教育機関が果たす社会的責任はきわめて大きく，重要なものとなってきたのである。

　第二は，世界的に乳幼児尊重の気運が高まり，これと平行して乳幼児に関する基礎的研究が著しく進んだことである。これまで学問的に未開拓に近い分野であった乳幼児研究は，発達心理学・小児医学を中心にさかんになり，観察・測定のための機器および情報処理技術の進歩とあいまって，多くの成果をあげ

た。その結果，子どもは乳幼児期のごく初期から周囲の変化を感じ取り，対応していく能力を持っていることがわかってきた。また従来，教育研究はほとんど学校教育に限られていて，乳幼児は家庭の中で婦女子に育てられるものであったために，あまり社会的問題となり得なかったが，幼児教育の普及につれてその教育研究もまたしだいにさかんになったのである。

　第三は，教育について人々が広い考えを持つようになったことである。明治5年に学制が施行されて以来，社会では一般に，学校で行う狭義の教育のみを教育と考える傾向が強く，教育を受けるとは学校に行くことと考えられていた。しかし近年になって，学校で受ける教育だけでなく，全生活について生涯学習の考え方が行きわたり，重要視されるようになってきた。生涯学習とは，人間が生涯にわたって，あらゆる生活の中で学び続け，向上しようとする立場を保障するものである。したがって乳幼児教育は，家庭にあっても保育所・幼稚園など公教育の場にあっても，人間の生涯学習の出発点として位置づけられるようになったのである。

　幼稚園教育要領は，このような社会的変化の中で改訂された。上記の3項についてだけ考えても，幼児教育と保育者の役割の重要性が社会的に認められ，教育における位置が高められたことを示している。

II　幼稚園教育要領の基本と目標

1．幼児教育の基本

　幼稚園教育要領は，これまで明らかにされてきた幼児の発達特性に基づいて組み立てられている。学校教育の教科指導要領が，教科の背景となる学問分野の系統性に従って組み立てられていることを考えれば，子どもの発達そのものを中核とする教育は幼児教育の特色となるものである。これに基づき，幼稚園教育要領には，幼稚園教育の基本は環境を通して行うものであることが明示されている。これによって学校教育法22条にあげられている「幼児を保育し，幼児の健やかな成長のために適当な環境を与えて，その心身の発達を助長する」

幼児教育の目的が，さらに明確に具体化されたのである。

　子どもは，すべてこの社会の中に生まれ，大人によって手厚く保護されて育てられる。もし保護されなければ，生きていくことはできない。子どもは，直接保護する養育者である大人に信頼と愛情を持ち始め，これによって次の発達が起こる。もしこの心情を持つ大人が身辺にいなければ，十分に乳を与えられ，清潔に保たれていても発達が遅れ，時には死に到ることが，ホスピタリズムその他多くの研究によって明らかにされたのである。

　また子どもは，信頼する大人を通して社会の生活の仕方を全面的に受け入れる。たとえば誕生後ほぼ1年の間に，子どもは自分の周囲の人々が使う言葉を聞いて自分も言おうとし始め，満5歳ごろまでに約2000語近い言葉を使いこなすようになる。中学3年間で教えられる英語の単語の数がほぼ350語であることを考えれば，乳幼児期の学習がいかに大きいか想像されよう。これだけの学習を，子どもは自分で成し遂げる力を持っている。

　もし環境に言葉がなければこの学習が起こらないことは，聴力に障害があって他者の言葉を聞き取れない子どもは，発語できないことからも明らかである。したがって子どもは，環境を通して言葉を学習し，養育者は意識していてもいなくても，大人どうし話し合い，また，たえず子どもに語りかけながら世話をする「言葉がある環境」を通して，これだけの教育をしていくのである。

　言葉はその一例であって，子どもは日常的な器物の扱い方をはじめ，物事の処理のしかた，危険や安全の感じなどを環境から学びとる。驚きや喜び，美しさを感じることも周囲の大人との共感によって助長され，あるいは制止されるので，子どもは感情の表し方はもとより，その社会で生活するために必要な基本的行動と価値観の基礎をつくり始めるのである。

2．幼児教育の目標

　教育要領には幼児教育の目標として，子どもの心情・意欲・態度を育てることがあげられている。ここでいう態度とは形式的な行儀作法などではなく，心情・意欲を表す子どもの行動である。したがって，幼児教育は心の教育ということができよう。子どもはただ言葉を口で言うだけでなく，生活体験の中で物事のありさま，自他の心の動きや状態などを，言葉と結びつけながら学び取っ

ている。この一つ一つの体験は言葉の内容となり，内容を伴ったとき言葉は意味を持つのである。ふつう子どもの好奇心と言われているものは，学ぼうとする意欲の表れであり，一つ一つの体験の中で持つ驚きや親しみの心情と意欲の基礎の上に，その後の教育が成り立つのである。

3．保育所保育指針について

　幼稚園教育要領の改訂に続いて，保育所保育指針も改定され，告示された。保育指針には，保育所の特性によって子どもの養護を第一に重要なものとして，家庭的にくつろいだ環境の中で十分に保育がなされるよう配慮されている。
　保育のねらいと内容については，子どもの心情・意欲・態度を育てることをあげ，幼稚園教育要領と同じ5領域がおかれている。したがって保育所における保育は養護と教育の二つの柱があり，教育については幼稚園教育と同じ方針である。
　現在，日本では地域によって子どもは家庭事情と関係なく，保育所か幼稚園のどちらかに通わなければならないことも多く，幼稚園でも地域の要望により保育時間終了後の託児を引き受けているところもある。したがって保育者は，職場にかかわらず，教育要領と保育指針の両方についてよく理解していることが望ましい。

III　幼児教育の特質

　幼稚園はこのような発達特性を持つ幼児を，保育所はさらに乳児期の子どもも合わせて引き受け，人生の出発点をつくる重要な公教育の場である。保育所は一般に保育園ということが多いので，この本では，特に区別する必要がない限り，両者を併せて園とよぶ。保育所は社会的役割から，幼稚園より保育時間が長く，それだけ生活面が多いが，教育についての基本的見方は同じであり，3歳児以上の子どもは幼稚園教育と共通の方針がとられている。
　子どもは一日のうち最も主要な時間を園で過ごすので，教育要領の総則では，

重要事項として，「園が幼児にふさわしい生活が行われる場である」こと，「生活の中心は子どもの自発活動としての遊びであり，指導は遊びを通して総合的に行うものである」こと，「一人一人の子どもの発達に応じた指導を行う」こと，の3点があげられている。言い換えれば，乳幼児の教育とは，子ども本来の生活を保障することであり，その中で子どもが自発的に意欲を持って活動できるように環境を整えることである。また，乳幼児は生涯の間で最も発達の速い時期なので，たえず環境を再修正して，個々の子どもの発達に応じていかなければならない。この全体が総合的指導なのである。保育者は子どもに信頼される大人として，最も重要な人間環境であると同時に，園の環境の構成者・修正者として子どもの生活の中核となる存在なのである。

IV 領域の見方

1. 5領域の関係

　教育要領では，健康・人間関係・環境・言葉・表現の5領域を置いている。
　学校教育の内容はふつう各教科に分かれていて，教科別の指導要領によって指導されているために，これまで幼稚園教育の領域もその影響を受けて，学校教育の教科と同じように指導する傾向もあった。しかしこれまで述べてきたように，幼児教育はその特質から，幼児の生活を中心に，環境を通して行われるもので，領域は学校教育の教科とは全く性質の違うものである。
　保育者は大人として，すでに人格のかなりの部分が形成されているので，子どものために環境を整えるときも，それぞれの好みや得手・不得手があるのは当然といえよう。しかしこれから人生を歩み始める子どもは，あらゆる可能性を持っている。幼児教育の領域は，子どものこの可能性を尊重し，園生活の中でさまざまな能力を発揮できるように，子どもの活動全体を偏りなく見るための保育者の視点を示すものである。言い換えれば，領域はそれによって子どもを動かすためのものではなく，保育者の意識の中にあって働くものなのである。

子どもにとって，心身ともに健康な生活が基礎となることは言うまでもない。その生活が展開される場が環境である。環境には物的環境も人間環境も含まれるが，生活のすべてを大人に依存し，これから人間社会を歩み出す子どもにとって人間関係は特に重要なので，独立した視点として人間関係が置かれている。同様に表現には身体的表現・造形的表現・言語表現などが含まれるが，言葉の獲得はこの時期の大きな特徴であり，これ以後の生活全体に関係するので一つの視点となっている。

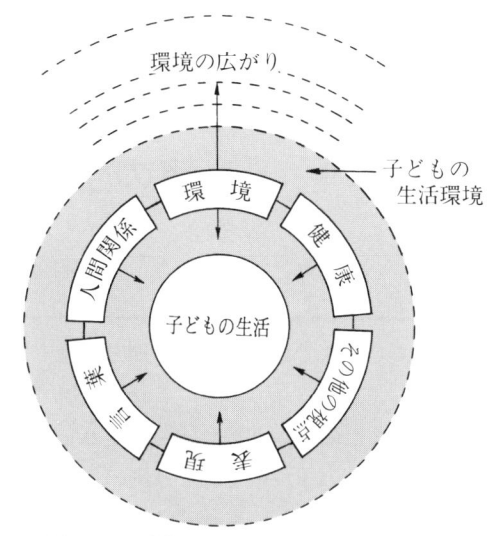

子どもの活動は1つであり，領域はそれを見る視点である

図1-1　視点としての領域

このように，5領域の視点はいつも互いに関係しあっている。また宗教の精神によって建てられている園では，この視点も重要なものとなろう。しかしどの場合でも，環境は子どもの生活が展開される場であるから，領域「環境」は他の領域すべての基盤であり，幼児教育の基本である「環境を通して行う教育」を実現するための視点となるものである。

2．ねらいと内容

教育要領には，5領域にそれぞれ「ねらい」と「内容」が示されている。「ねらい」とは幼児に育つことが期待される心情・意欲・態度を具体的に示したものであり，それを達成するために保育者が援助し，子どもが身につけていくことを望まれるものが「内容」である。いわば「ねらい」は保育者が持つ具体的目標であり，「内容」は子どもの生活から見た目標である。この両面を実行していくものとして，それぞれの園の特徴を生かした教育課程の編成が行われる。一般的な教育課程の参考例については，指導計画の項で取り上げる。

第 2 章

人間の生活と環境

　これまで述べてきたように，幼児教育ではその基本として「環境を通して行う教育」があげられており，これを実現する視点として領域「環境」が置かれている。また最近，人類全体の問題として地球環境を護ろうとする機運が高まっている。この３つはそれぞれ別のものではなく，同じ環境の見方で成り立つものである。環境という言葉はいま広く使われているので，まずその基本的な意味から考えてみよう。

I　環境の主体と要素

　環境とは一般に生物の生活について考えられている概念である。人間はヒトとして生物の一種族だから，当然人間にも適用される。環境とは生きている生物（人間）の周囲にあって，相互作用を持つものすべてをいう。

　環境とは，いつも中心となる主体者があって，それを取り巻くものとして規定される。たとえばある子どもAにとって他の子どもB，C，D，……は環境であり，ある子どもCにとってはA，B，D，……が環境となる。このとき一人一人の子どもは，他の子ども

にとって環境の要素に当たる。環境はいつも多くの要素によって成り立つものである。

したがって主体が変われば環境の要素の取り上げ方も違ってくる。たとえば東京のある住宅地で，保育所の子どもの声やスピーカーの音が騒音として問題になったことがあった。保育所にとって，まわりが静かな住宅地であることはよい環境だが，住民にとって子どもの声や音が大きすぎるときは，住宅区としての環境を損なうと感じられたのである。

個人の住居一つを考えても，「取り巻くものすべて」としての環境には，静かさや落ち着き，通勤や買物の便利さ，日当り，近所の付き合いなどさまざまの要素があって，それぞれ互いに関係しあっている。この中で，どの要素に重点を置くかは主体となる者の考え方による。近年，住居・地域・社会の環境について，またさらに広く地球環境についてさまざまの論議が起こっているのは，主体をどこに置き，どの要素を優先するかという問題にほかならないのである。

II　環境と人間の知識

人間は誰でも，ただ一人で生きていくことはできない。もし一人暮しで友人もいない人だとしても，生きている限り環境とのかかわりをもっている。そこでどのようなかかわりがあるかを，できるだけ広く考えてみよう。

1. 生きるための環境

環境の要素の中で，生活の最も基礎的な部分，いわば生きていることそのものと直接関係を持っているのは地球上の水と大気と太陽の光である。人間だけでなく，すべての生物は水と大気なしに生活することはできない。呼吸に必要な酸素は，緑色植物が太陽の光を受けて作り出したものであり，また動物の食料は最終的に植物に依存している。したがって人間は，どんなに人工的に栽培・飼育した野菜や家畜の肉を食べているとしても，その背後にはいつも緑色植物と太陽の光がある。自覚していてもいなくても，生きている限り人間は環境の

中の他の動植物と直接・間接にかかわって生活している。逆にいえば，生きるとは環境と相互作用を持ち続けることなのである。

植物はまた，水を地上に確保し，雨を降らせ，川の水をコントロールする働きを持つ。草木が失われると，土地が急速に砂漠化し，耕

作もできなくなることは，今世紀に入ってから世界各地で確認され，対策を急がれている。きれいな水と空気は人間の生活に欠くことのできないものであるが，これを確保するには人間中心の生活を考えるだけでなく，広く地球全体の植物を主体とした環境を護らなければならないことがわかってきたのである。

2. 社会生活と環境

人間社会に目を移すと，都市のように人間が集まって生活する場所で，まず問題となるのは保健・衛生の面である。上下水道の設備はもちろん，生活排水やゴミ・汚物の処理が十分にできなければ，伝染病や害虫その他の危険にさらされることになろう。また近代産業の生産にともなう空気の汚染，酸性雨などは，地球上に広い範囲の影響を及ぼすことが知られてきている。

環境について知識が乏しかったころは，伝染病で命を失ったり，貧しくて劣悪な環境のために短命なのは，本人の運命か不摂生のためと思われていた。現在では環境衛生学をはじめ保健学・栄養学などの分野でも，個人の生活環境だけでなく，広く社会の人々全体を主体とした生活環境の保全が研究されている。

3. 働くための環境

社会にはさまざまの仕事があり，それぞれの過程で多くの人々が働いている。社会を支える仕事の中には，極めて厳しい条件の中で働かなければならないものも多い。たとえば以前，鉱山の採掘に当たる鉱夫は，有害な鉱物の粉塵や鉱毒のために非常に短命であった。鉱夫の妻には鉱夫後家という言葉があり，夫が短命のために何度も結婚して後家を繰り返すものもあったという。また紡績

工場で働く少女たちには，重労働と栄養不足のために結核患者が多かったことも記録されている。それでも職を求めて来る人が絶えなかったのは，その背景にもっと貧しい生活があったからである。

現在では健康保健が普及し，働く人々の健康管理が雇用者に義務づけられているだけでなく，作業時間，休憩や娯楽のための設備など，働く人々を主体とした職場環境の改善が唱えられている。さらに特定の職場，たとえば作業場，オフィス，病院や学校などで働き，あるいは治療や教育を受ける人々を主体とした環境の研究も行われるようになった。保育所・幼稚園の環境もこの中に含まれる。これらは決してまだ十分とは言えないが，より多くの人々を主体とする環境の保全が取り上げられるようになったことは，社会の進歩にほかならないのである。

4．住むための環境

住居は最も個人的な部分であるために，多くの問題の解決が遅れていることも事実といえよう。住居とその周辺は，家庭を職場とする婦人，すでにこれまで社会を支えてきた老人，そしてこれから社会を支えていく子どもたちを主体とする環境の保全が第一に考えられなければならないはずである。

また住居は，個人的な生活の場であると同時に，政治，経済その他社会のすべての面と直接関係を持つ場である。たとえば何かの国際関係の変化によって日用品の物価が上がれば，直ちに家計に響くであろう。テレビはさまざまな情報を家庭に送り込み，家族はそれぞれの職場と家庭の間を往復して，家庭外社会との通路となっている。住居で代表される家庭は，子どもが保護され，成長するための環境であると同時に，行動範囲の狭い乳幼児にとっては社会そのものなのである。

III 環境と教育

このように考えてくると，人間の歴史は環境への理解を増し，より多くの

人々を主体とする方向に社会が進歩してきたことがわかる。人類が地球環境の考え方を持つようになったのはこの結果であり、教育はこの進歩の方向を引き継がなければならないのである。そして環境についての知識は生物学・地理・歴史・法律・経済・家政学など科学のすべての部門にわたっていることがわかるであろう。この意味ですべての科学の研究は、人間の社会と生活の向上に密接な関係を持つ。これを教育の立場からみれば、諸科学について指導と学習の目標を示すものであり、何のために勉強するのかという問いに答えるものなのである。

　また、他者を尊重すること、思いやりの心を育てることは、現代社会で教育に期待されていることの一つである。相手の立場を尊重するとは、相手を主体とした環境を理解し尊重することであり、この理解なしに思いやりの心を育てることはできない。より多くの人々を主体とする環境を理解しようとすることは人間の道徳の基礎である。さらに地球上の諸国に住む人々を主体として考える力をつけることは、国際性を養うことにほかならない。情操と道徳は知識と分離したものではなく、知ることによって基礎をつくり、知ることによってさらに高められる。環境について学ぶことは、知識と道徳の共通性を見出し、多くの教科の学習に総合的目標を導き出すものである。

　地球環境の考え方は、まだ幼い子どもにはほど遠いものと思われるかもしれない。しかし子どもはいまこの環境の中で育ち、環境から学びとる力と意欲を持っている。またこれまで述べてきたように、子どもが呼吸すること、一杯の水を飲むことも、酸素や水を媒介にして地球の過去・現在の動植物の生活とかかわることであり、バスに乗ることも、テレビを見ることも、科学技術と社会の産業と商品流通の複雑な構造にかかわることである。また幼稚園・保育所に入園すれば、新しい環境として保育者と大勢の子どもたち、園の設備と出会う。したがって子どもたちは、すでに環境とのかかわりの中にいる。これを見出す視点が領域「環境」である。

　幼児公教育の場として、園は子どもを主体とする環境であり、「環境による教育」とは子どものこの力を引き出し、育てることなのである。

　この考えに基づいて、第2部では子どもの発達の姿と環境のかかわりについて、第3部では園内環境の構成について考えていくこととする。

第 3 章

子どもと園の環境

I　子どもを主体とする環境

　幼児教育が 100 ％近く普及した現在，園は家庭とともに子どもが直接生活する場であり，家庭と補いあって子どもが十分に発達を遂げるための環境である。そして園は，社会の中で子どものために作られた設備だから，なによりもまず子どもにとって，子ども自身を主体とした環境でなければならないのである。
　ある保育者養成校の実習生は，初めて幼稚園に行って手洗い所の鏡の前に立ったとき，自分の姿が胸の下あたりからしか映らないのを見てショックを感じたという。
　「子ども用の鏡はとても低いので，大人の姿は半分くらいしか映りません。半分の自分を見ていると，別世界にきたような，とても不思議な気がしてきます。もしかすると，私には半分くらいしか子どもが見えないのかも知れないと思いました」と，その実習生は記録に書き残している。
　ふつうの家庭では，住居の設備は大人の背丈に合わせて作られていて，大人はそれを当然と思っている。しかし子どもの身になってみると，もし水道の蛇口に手が届かなければ，のどが乾いたとき一杯の水を飲むにも大人の助けを求めなければならないのである。これはどんなに不自由なことだろうか。
　園の設備は，子どものサイズに合わせ，子どもが自分でしたいと思うことを，できるだけ自分で実行できるように作られている。言い換えれば，子どものサ

イズに合わせた環境を準備することによって、子どもが自分でできることを増やし、やろうとする意欲を起こすように助けるのである。

　鏡や水道の高さは、ごく目につきやすい一例に過ぎない。園では室内の物の配置や取り扱い方、手順など有形無形の環境要素が子どもの意欲や行動に影響する。

　ある幼稚園では、新入園児の保育室に絵を描くコーナーを作ったとき、それまで溜っていた使いかけの古いクレヨンを集めて、無造作に大きい箱に入れ、画用紙だけでなくコピーの残りや広告紙なども一緒に置いてみたところ、そのクレヨン箱をかき回してはいろいろな紙に絵を描こうとする子どもが増えたという。この子どもたちは個人用のクレヨンと絵描き帳を持っていたが、真新しいクレヨンや絵描き帳を出して使うのは、入園したばかりの子どもにとって緊張感をともなう。大きな箱に雑然と入れてあるクレヨンと雑多な紙は子どもたちにある気楽さ、取り付きやすさを感じさせ、何か描いてみようとする意欲を引き出したと考えられる。

　保育者の観察によると、大きな画用紙の端の方に小さく何か描くだけの子どももいれば、コピーの字をまずしげしげと眺め、それから裏に字らしいものを書き出す子ども、広告の紙やザラ紙をわざわざ選んで描き始める子どももあったという。

　「ただ好きな絵を描いてごらん、と言うだけでは、まだ絵という制限があったのですね。絵なら画用紙、というのも、私たちの固定観念だったことがよくわかりました」と、その保育者たちは言っている。

　設備や物の配置を決めるのは保育者である。園は子どもを主体とする環境ではあるが、この意味で保育者は園環境の「支配者」であることも確かである。したがって、保育者は子どもに信頼される大人であるだけでなく、園の環境全

体の代表者となる存在である。そしてこの例のように，たえず子どもの力を発見し，自己の考えを修正していこうとする保育者の意欲こそ，子どもにとって最も重要な環境の要素なのである。

II　環境にかかわるとは

　教育要領の領域「環境」には，ねらいとして，子どもが身近な環境に自分からかかわることがあげられている。ここで注意しなければならないのは，子どもをかかわらせようとする前に，子どもがどのようにかかわっているかを保育者が知ることである。前に述べたように，人間はその歴史が始まる遙か以前から空気を呼吸して生きてきた。しかし呼吸に必要なのは空気中の酸素だとわかったのは，わずか200年前のことである。さらに酸素は緑色植物が作り出すものであり，私たちが呼吸を通して地球全体の植物とかかわっていることが常識となったのは20世紀半ばになってからである。これを思えば誰でも，私たち人間が長い間，生活と環境のかかわりを知らずに過ごしてきたことを感じるであろう。

　子どもについても同様で，幼児教育が普及し始めた初期には，環境の影響が重要であることは経験的に知られていたが，子どもとどのような相互作用を持つかはまだ知られていなかった。そのうえ環境の要素は多様なので，保育者がある要素にだけ気を取られていれば，他の要素にかかわる姿を見逃すかもしれない。主体と要素の考え方をたえず検討する必要があるのはこのためである。

　たとえば，「動物にかかわる」というねらいで，保育者が何匹かのザリガニを保育室に置いたとしよう。子どもの中には，すぐうまくつかめる子どももいれば，友達がつかむのを見ているだけの子どももいる。つかんだザリガニを目の前に突き出されて泣き出す子どももいるかもしれない。この時すぐつかめる子どもだけがザリガニとかかわったのではなく，見ていることも，泣き出すことも，ザリガニによって引き起こされた，ザリガニにかかわる姿なのである。友達がうまくつかむのをじっと見ているだけだった子どもが，翌日は自分でも手を出して，友達がやったようにつかもうとしたとすれば，この子どもはザリガ

ニとかかわると同時に、友達という人間環境の要素ともかかわっていることになる。もしその後もザリガニを飼って置くなら、つかむことはできなくても餌を与えたり、絵に描こうとする子どももいるはずである。かかわりはその時だけでなく、時間をかけてさまざまな形で表れる。

このようなかかわりの見方をすることは、これまで幼児教育でよく言われてきた「一人一人を大切にする」「待つ保育」「子どもは見習い・見覚えが大切」等々の言葉とも一致する。環境による教育とは、このような保育の理論的根拠となるものなのである。

III 環境の重なり

1. 物と人のかかわり

　園の環境は、ふつう人的環境・物的環境に分けて考えられることが多く、また環境全体を自然環境・社会環境・園内環境・家庭環境などに分けることもある。しかし園内の物でも、たとえば楽器は合奏練習のときだけ使う、冬は砂場に水を入れてはいけない、スベリ台を下から登ってはいけないなど、安全や管理のために園によってさまざまの規則が決められている。規則は最終的に保育者が決めるものだから、園内の物はいつも人的環境としての保育者の考え方と重なっている。規則や約束という形をとらなくても、室内の整理の仕方、飾り方、音楽や読み聞かせるお話の選び方などはすべて保育者の好みとセンスを反映するもので、物的環境はいつも人的環境、特に保育者の保育に対する考え方と重なっている。

またザリガニの例のように，うまくできる子どもの前では自分もやってみることをためらう子どももいる。ボールや鉄棒，跳び箱のように，いくらかの技術・練習がいる活動でよく起こるものである。大人でも，たとえば英会話がよくできる人々の中で自分だけ下手ならば，話すにはかなり勇気がいるに違いない。子どもも同じで，ためらうことは，実は「あの友達のようにうまくやりたい」という意欲の表れであり，練習のきっかけとなることも多い。このように友達関係もまた，物や条件のかかわりと重なる。もちろん子どもどうし協力して遊具や教材を使い，順番を守ったり譲り合ったりすることが物的・人的環境の重なりであることは言うまでもない。

2. 自然と社会の重なり

いま日本では全国的に都市化が進んでいるので，幼児の行動範囲では自然環境に恵まれていない，と考えられている地域が多い。しかしどんな大都市でも地球の自転によって昼と夜が繰り返され，四季が巡ってくることに変わりはない。日ざしが強い夏，「暑くなったから，外に出るときは帽子をかぶろうね」と子どもたちに言うとすれば，保育者は日ざしという自然事象と，帽子という人工物を通して，子どもに季節変化を感じさせていることになる。冬服から夏服に変わると子どもたちは急に活発な遊びを始めるし，冬になって初めて暖房が入ったときは，ストーブのまわりに集まって喜ぶ。このように日常的な物や道具を通して，自然環境はいつも園内環境と重なりあっている。

ある雨上がりの朝，園庭に出た5歳児たちは，ジャングルジムに一面についた水滴がキラキラ光っているのを見つけた。

「見て！ 光ってる，あんなにたくさん！」

とS夫が指さすと，B子が

「わあ きれい！ クリスマスツリーみたい！」

と大きな声をあげた。園庭にいた子どもも，保育室にいた子どもも，声を聞きつけて次々に集まってきて，光っている水滴を見つめていた。

ジャングルジムは鉄で作られた構造物で，もとより人工の物である。水滴は雨水——天然物であり，キラキラ輝くのは宇宙から来た太陽の光である。水，光，太陽はジャングルジムという構造と重なり合って，たくさんの電灯がつい

たクリスマスツリーを連想させ，子どもたちはその美しさに見とれた。ツリーを飾るのは社会の行事だから，社会環境との重なりも見出される。この子どもたちの感動は，園内のごくふつうの固定遊具の側にいるだけで，これだけ多様な環境とのかかわりを持つ力があることを示している。

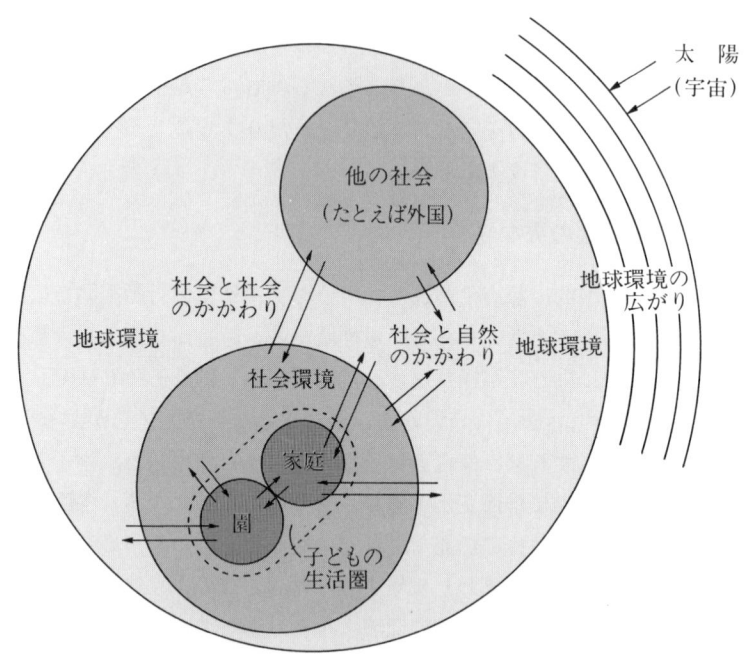

図3-1　環境の重なり

　次に食事について考えてみよう。食べることは子どもにとって大切な生活の部分であり，子どもの関心も高い。ところで人間の食物は，水や塩分の一部を除き，すべて他の生物に依存している。子どもだけでなく人間にとって最も身近な生物は食物となる生物であるといってよい。また食物をつくる材料は多くの生産・流通・加工の社会的機構と，そこに働く人々の手を経ている。したがって食事は，そのまま自然環境・社会環境の重なりである。
　ある園では，園庭の一隅に畑をつくり，ジャガイモ・ニンジン・タマネギを育てて「カレーライスの畑」とよんでいる。夏休み前に収穫してカレーライスを

作り，みんなで食べるのである。ある年はタマネギがまだ小さかったので，「かわいそうだから取るのはやめよう」という子どもたちの意見で，タマネギだけマーケットに買いに行くことにしたという。これはカレーライスというどの子どもにも親しい食物を通して，社会環境と自然環境の重なりを感じさせた，優れた例である。

IV　遊びと環境のかかわり

　子どもが自発的に始める遊びは，子どもと社会とのかかわりをよく表していることが多い。子どもは家族との話や，テレビなどから社会の情報を受け取り，生活の中に取り込もうとする。たとえば夏休みに，家族と毎日高校野球の放送を見た子どもは，2学期に園に出てくると，同じ経験を持った子どもと野球らしい遊びをしようとする。サッカーやリボン体操もテレビで見て始めることが多く，オリンピックがあれば競技そのものよりもメダルや表彰台を作って遊ぶこともある。

　このように自分が経験したことを再現しようとする行動を「ごっこ」という。ごっこはほぼ2歳前後に始まり，7〜8歳ごろには消えていく幼児期固有の遊びで，文化や生活が違っても，世界中の子どもに見ることができる。いわば人類の子どもに共通の遊びで，この事実から子どもの発達に大きな意味を持つと考えられ，各国でさかんに研究されるようになった。

　2歳前後の子どもの「ごっこ」には，バックなどを持って歩き回る「おでかけごっこ」，空の皿や茶碗を，お茶やご馳走が入っている

テラスでお客さんごっこ

ように相手にすすめたり，食べるふりをする「ご馳走ごっこ」，大きな空き箱に入って車に乗ったように振る舞う「乗り物ごっこ」などがあり，まだごく断片的で，遠隔模倣(モデルを見た後，時間または場所が隔たってから起こす模倣)に近い。しかし，ごっこは単なる模倣ではなく，実物に見立てた物を使い，役割とふりを伴うのが特徴である。

　ごっこは社会経験の再現だが，社会の最小単位である家庭でも，必ず複数の人間で成り立ち，それぞれ役割があるから，再現のためには相手が必要になる。子どもが小さいときは大人が役割を引き受けて相手になることが多く，集団生活に入ると，しだいに共通な経験をもつ子どもどうしで遊ぶようになり，子どもは共同して遊ぶ楽しさを知るようになる。ごっこは社会とのかかわりを表すとともに，子どもどうしが互いにかかわりをつくりだしていく遊びである。

　水遊びや落葉拾い・雪遊びなどが季節の自然事象とかかわるものであることは言うまでもない。節分・ひな祭り・七夕・お盆など日本の伝統的な行事は，どれも季節とかかわりの深いものであった。冷暖房の普及や栽培技術の発達によって，いま子どもの生活から季節感が薄れたと言われている。しかし，まず保育者が子どもと環境を見る力をつけることによって，環境にかかわる子どもの姿を見直すなら，ジャングルジムの例のように，子どもが自然事象を敏感に感じている姿を見出せるはずである。子どもにないものを探して教えるのではなく，子どもが今感じていること，できることを伸ばすのが幼児教育の基本であり，子どもを主体とする教育なのである。

第2部

子どもの発達と環境のかかわり

第4章

誕生から歩行まで

I 胎児期

　受精卵として生命を受けた子どもは，母胎から十分な栄養と酸素を受け取り，完全に保護されて成長を続ける。胎児にとって，母胎は生命の始まりの環境である。人間の胎児期の行動はその性質上経験的に知られるだけだったが，近年超音波などを使った測定器が開発され，胎児の動きを直接映像として観察できるようになり，胎児は予想以上に胎内で複雑な動きを続けていること，その動きは母親の心身の状態とも関係があることがわかってきた。

　胎児期の子どもについては，古くから胎教といわれる考えがあって，妊娠中の母親の心得が説かれてきた。このような胎教のすべてが妥当なものではなく，全く迷信に過ぎないものも多く，特に母親の思いや情動がそのまま子どもに伝わるようなことはあり得ないのである。一方，母親が過度の偏食や飲酒・喫煙をしたり，水俣病で明らかになったように有害な化学物質などを摂取すると，胎児に悪影響を及ぼすし，風疹などビールス性の病気が胎内感染を起こすことも知られてきた。したがって，胎教とは，母親が胎内で健康な子どもを育てようとする自覚を持ち，栄養を偏りなくとることはもちろん，睡眠・休息にも心を配って健康な生活をしていく心得と考えればよい。胎児は全生活を母胎という限られた環境に依存して，その成長を続けるのである。

II　はじめての世界

　子どもは母親の胎内から生まれ出るとまもなく産声をあげる。これは子どもが初めて自分の肺で空気を呼吸し始めた証拠であり，自力で外界の環境にかかわったことを示している。健康な子どもならば，手足を動かし，激しく泣き続け，大きな環境の変化に反応する。

　肺呼吸が順調に続くと，母胎とつながっていたへその緒の脈動が止まり，ここで子どもは完全に母胎から独立する。清潔なお湯で沐浴し，産着に包まれて静かに眠り，やがて乳を求めて泣く。誕生の瞬間からこれまでの間に，子どもは大気・水などの自然環境，医師・助産婦・母親その他との人間環境，それらをつなぐ社会環境の中で生活を始めたのである。

　誕生から2〜3週間，新生児はほとんど乳を飲んで眠るだけの生活が続く。空腹・衣類の汚れ・体の位置や姿勢など，身体内外の状態は快・不快として受け取り，快のときにはおだやかに眠り，不快のときには泣く。身辺を清潔に保ち，十分な乳を与えるのが大人のおもな役割である。このとき大人は「さあ，おむつを換えようね」「ほらほら，おっぱいですよ」など，意識しなくても子どもにさまざまな語りかけをする。最近の研究によれば，子どもは生まれて数時間後でも，すでに身辺にいる大人の存在を感じ取って反応するという結果も出されている。しかしこれはまだかなり確率的な判断で，一般に直ちに起こる反応とは言えない面もある。いずれにしても，子どもは世話をする大人が身辺にいなければ生きていくことはできない。その意味で全く大人に依存する生活であり，誕生後まもなく大人の存在を感じ始めていることは事実であろう。

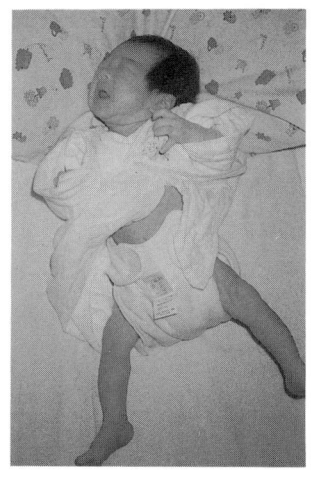

III 乳児期の発達と環境

1カ月前後から，子どもが目覚めている時間は日に日に長くなり，快のときはほほえみに似た満足げな表情を浮かべ，大人の顔や吊るされたおもちゃなどを注視する。不快のときの泣き声も，おむつがぬれたとき，空腹のとき，ぐずり泣きなどの違いが起こるので，慣れた養育者ならば子どもの状態を泣き声で聞き分けることができる。泣き声に変化が起こるのは，子どもが自分の状態を感じ分けて，外界に表出できるようになったからである。これに応じて大人の語りかけが増え，ガラガラやオルゴールなど音のでるおもちゃを振ってあやすので，子どもは大人がそばにいることをますます好むようになる。

3カ月前後になると，抱いたり，顔を近づけて呼びかける大人と視線を合わせ，はっきりとほほえみ返すようになる。これを3カ月微笑という。子どもが大人に対して，初めてとる積極的な対人行動である。この微笑は養育者にとってこの上ないかわいらしさを感じさせるもので，繰り返し名前を呼んであやすなど，いっそう子どもとの結びつきが深められる。

子どもの発声は，1～2カ月ごろまではほとんど不快のときの泣き声だけであるが，3カ月前後から快のとき「ウックン……」とのどをならせたり，短くてあいまいな母音に近い喃音を立てるようになる。大人はこれに応じて，「ウックン……て言えたね，ウックン……て上手ね，ほら，もう一度言ってごらん」など繰り返し喃音をまねて語りかけ，子どもの発声を誘う。この相互作用のもとに子どもの喃音発声はしだいに増え，やがて機嫌よく目覚めているとき，一人でいろいろな喃音を立てるようになる。断続する喃音はいかにも何か話しているように聞こえるので，母親たちは「赤ちゃんのおしゃべり」「赤ちゃんがお話してる」という。

実際，同じように育てられていても，聴力に障害がある子どもは，喃音そのものがごく少なく，発語が起こらない。したがって聴力が健常ならば，子どもはたえず大人の語りかけを聞き取り，これをモデルにして言葉を使う準備を始

めていると考えられる。

　子どもは自分が出せる音声を練習し，繰り返す喃音のおしゃべりは，のど・唇・声帯など発声器の発達を引き起こす。7〜8カ月になると子どもが使う喃音の発声が増え，喃音を使って要求・興味・拒否などを大人に告げるようになる。これは音声をコミュニケーションに使い始めたことである。このころになると特定の音声を決まった事物に使うようになり，言葉としての性質がはっきりしてくるので，喃語という。養育者は子どもの表情や身振りとともに喃語を聞き分け，言葉で応じるので，子どもが正常な言葉を言えるようになるよりずっと早くから，子どもと会話をしていることになる。この過程があってはじめて，子どもは言葉を使えるようになるのである。

　また大人の語りかけは，いつも子どもとともに物や事実に沿って起こる。たとえば子どもが花に注目したときは「オハナね，オハナきれいね」と言い，風呂に入れるときは「オフロよ，オフロに入ろうね，ガアガアさんもいっしょね」と言っておもちゃを持たせる。したがって子どもは，繰り返し事実に沿って言葉を聞き，言葉を事実と結びつけていくうちに，言葉がある決まった事実を表すことを知っていく。これが言葉の内容である。このように，ほとんど乳児期の全期間を通して，言葉を使う生活の準備が行われているのである。

　一方，身体もめざましく成長を続ける。3〜4カ月でほぼ首がすわり，5〜6カ月になると上体をたてに保つおすわりができるようになる。体を支えてひざの上に立たせると足をつっぱり，「ピョン，ピョン，ピョン」などと声をかけて弾ませると声を立てて笑う。また体を高く差し上げてもらう「タカイタカイ」や肩車など，大きく体の位置を変えたり，動かしたりすると喜ぶ。このような動きのあるあやし方が，子どもの全身的な運動となっていることは言うまでもない。腹這いの姿勢から手足を動かして這おうとし，7〜8カ月ごろには手と足を同時にうまく使えるようになって這い始める。このころ，足も十分に強くなるので，這って来ては大人の手や肩につかまって立ち，手で体を支えて伝い歩きを始める。子どもによってはほとんど這わないで，伝い歩きから歩行に移ることもある。

　おすわりができるころから，子どもは自分で手を使おうとし始める。見つけた物を握り，テーブルや器物，おふろでお湯を叩いたりする。おもちゃを持た

つかむ・のぞく

せるとしっかり握るが，はじめは注意がそれると落としてしまい，代わりの物を握らせても気がつかない。7～8カ月ごろになると違いに気づいて前の物を探し，ないと怒って泣くこともある。これは物についてはっきり見分けがつき，また同時にある愛着を感じ始めていると考えられる。

このころ，たいていの子どもは，見慣れない人が抱こうとしたり，顔を近づけてあやそうとすると，強い拒否の表情を示して泣き出すので，昔からこれを子どもの「人見知り」とよんでいる。人見知りは子どもが家族や親しい人を，ただ見分けるだけでなく，信頼と依存の心を持ち始めていることを示す。慣れない人にはこの心を持てないので，不安を感じて泣くのであろう。3カ月微笑からわずか数カ月の間に，子どもの心はこれほどの発達を遂げるのである。

子どもはいつも一緒にいる大人に愛着を示し，「イナイイナイバア」など対人的な遊びを好んで繰り返す。おむつを換えるときくるりと寝返って這い出し，大人が「こら待て，こら待て」などと追いかけるふりをすると喜んで逃げ，振り返って大人の顔を見て，追いかけることを期待するようにまた逃げる。満1歳近くなると，持っているおもちゃなどを落とし，大人が拾って渡すと，また拾ってもらうことを期待してわざと落とし，繰り返して喜ぶ。このような行動は，子どもが積極的に大人に働きかけ，共同して何らかのやりとりをしようとするもので，対人関係をつくりだそうとする意欲の表れである。

このころになると，子どもは抱かれていても自分が興味を持った物があれば声を立てて大人に示し，共感を求める。しかしごく身近な大人でなければ，子どもはこのような行動は起こさない。また，自分より少し大きい子どもに強い関心を見せるが，まだ注視するだけで，ふつう自分から近づこうとはしない。7カ月～1歳3カ月ごろは，信頼する大人の存在のもとに，子どもが人間環境とかかわり始める時期なのである。

Ⅳ　保育者の役割

　現在，80年と言われている平均寿命に比べれば，誕生から歩行までの約1年間は，まことに短いと言わなければならない。しかしこの1年間に子どもが遂げる成長は，一生の間のどの時期の成長よりも大きい。そしてこの成長は，すべて大人の世話があって起こる。子どもは世話をする大人を媒介にして環境とかかわり，これに適応する力をつけていく。

　子どもを清潔にし，十分な栄養を与え，安全に保つことは第一に重要な保育者の役割である。そしてこれと全く同じくらい大切な役割は，そのたびにいつも状態に応じて子どもに語りかけ，子どもの心情を受けとめることである。歩行までの期間は，ふつう母親（養育者）と子どもは一体化した生活であり，ほとんど意識しないで母親たちはこの役割を果たしてきた。しかし乳児を預かる保育所では，保育者の専門性として，この役割を十分に果たせるように計られなくてはならないのである。

　新生児のころから，子どもの最も基礎的な環境とのかかわりは，聞くこと・見ること・感じ取ることである。保育者は世話をする行動一つ一つが教育そのものであることを自覚し，いつも明るく子どもに語りかけると同時に，極端な騒音や関係のない放送音などはできるだけ避け，見るためのおもちゃや，静かな響きの音がでるおもちゃなどを用意する。乳児室は清潔や安全が強調されるために，環境として貧しくなる傾向があるので，少し大きい子どもが遊ぶ様子を見せ，またできるだけ抱いて戸外に出て，空や木，道路など，距離のある風景を見る機会をつくることが大切である。

子どもが進んで外界の物に働きかけ，大人に共感を求めようとする時期には，いっそう注意深い配慮が必要になる。たとえば勤務中に保育者が交代するときも，子どもがその日に興味を示した物事などがわかるように保育者どうしよく連絡をとり，心情の動きを乱さないようにしたいものである。このころ子どもは言葉で表すことはできなくても，大人の感情をかなり敏感に感じ取っているから，子どもの面前で親や同僚と争うようなことはもちろん，子どもを評価したり，他の子どもと比較するような言動をさけなければならないのである。

第 5 章

歩行から 3 歳まで

I　発達の姿

　子どもは，生後およそ10カ月から1年2カ月ごろの間に歩き始める。子どもによって4カ月前後の差があることになるが，身体に異常がなければこの程度の違いを気にする必要はない。歩くには全身の機能の発達が必要なので，歩き始めるのが少し遅れても，活発な運動ができているならすぐに追いつくものである。

　大人は子どもが歩き始めるのを待ち受けて喜び，励ましながら見守る。この状況は子どもにとっても重要な環境要素となるもので，歩行が始まると子どもは心身ともに大きな成長を見せ，進んで積極的に大人の生活に参加しようとする。大人の語りかけもいっそう増えるので，それに応じて喃音や呼びかけ・拒否の声で自分の意志を表そうとし，また発音しやすい言葉からいくつか言えるようになる。

　歩行に続く2年間は，子どもが排泄・食事・衣類の着脱などの基本的生活習慣の自立を遂げる期間である。その中で，たとえば排泄は，子どもが生理的に排泄したいという感覚ができてくること，決まった場所に行き，衣類をはずすまで持ちこたえること，用をすませた後で習慣どおり後始末をし，衣類を元どおりに整えて排泄前と同じ状態にもどれることなど，全体としてさまざまな行動を含んでいる。その一つ一つは，社会や家庭の習慣で少しずつ違いがあるの

で，ほかの子どもと比較したり，おむつをはずすことだけを急がない方がよい。排泄や食事などの生活の基本的行動についてしつけが厳しすぎると，子どもの精神的負担を増すことは，各方面で確かめられている。

　生活習慣の自立ができるにつれて，子どもは生活に自信を持ち始め，大人の世話を拒否して自分でやろうとする。しかし大人にしてもらうようにうまくいかないし，自分でするのを許されないことも多いので，自分の意欲と大人の援助・介入が一致しないときは，激しく怒って抵抗することもある。また，他の子どもに強い興味を持ち，一緒に遊ぼうとするが，双方ともまだ大人の保護から離れることはできない。このように1歳後半から満2歳にかけて，子どもはさまざまの葛藤に出会い，それらを一つ一つ乗り越えながら幼児期後半に向かうのである。子どものこの葛藤は，おとなから見ればごくささいなことに思われるかもしれない。しかしまだ1年余りしか生きていない子どもにとっては深刻な思いなので，できるだけ尊重したいものである。

II　環境とのかかわり

1．探　　索

　歩行が確実になると，子どもは家の中を歩き回って隙間や物かげをのぞき，机の下にもぐり，自由になった両手で目に触れるものにさわったり，引っぱって動かしたりしようとする。まるで家の中を全部探険し，しらべあげようとしているのかのように見えるので，この行動を1歳児の探索という。家庭では，大人が子どもの背の高さにかがんで歩いて見て，目につく危ないもの，かき回されると困るものなどを，しばらく片づけておくほどである。

　大人が用心していても，子ど

もは日に日に成長し、手先も器用になるので、昨日は開けられなかった引き出しを今日は開けて中の物を取り出し、椅子によじ登ってテーブルの上のポットを倒すなど、一刻も目をはなせないことになる。しかしある時は持った物を取り上げられ、ある時は大騒ぎを引き起こして自分でも困惑したりしながら、子どもは自分ができること、できないこと、してよいこと、したくても許されないことなど、生活のルールを学んでいく。

よく観察すると、探索行動は決して"手当りしだい"に無方向なものではなく、一通りしらべあげて納得すると終わるものである。特に危険がないかぎり、大人がついていてよく見せ、差し支えないものにはさわらせ、「これはダイジなものだからしまって置くのよ」と静かに繰り返し言って聞かせると、子どもは大人に相手になってもらったことに満足し、「ダイジネ……シマウノネ……」などと大人の言葉を繰り返し、納得して止めることも多い。

2. ためす・繰り返す

一通り探索を終わった子どもは、この間に学んだ生活のルールの範囲で、かなり落ち着いて生活できるようになる。お気に入りのおもちゃや絵本、シャツなどが決まってきて、好んで持ち歩いたり、着たがったりする。これは自分の物がわかって所有意識と愛着を持ち始めたことである。また水道の蛇口から出る水に長い間手を打たせてみていたり、砂場に連れて行くとただ砂の中に座り込んでいたりする。タオルを集めてその中に座り、自分が使うわけではないのに積み木やブロックを抱え込み、人に譲ろうとしないこともある。

これはいわばその物にひた・り・き・ろうとする行動で、探索から進んで自分で試そうとする意欲の表れである。大人から見ると全く無意味に見えることも多く、集団生活のときは「誰ちゃんにも貸してあげなさい」「それはみんなのものよ」ということになりやすい。しかし子ども

がひたりきるのは長くても数日なので，できるだけ満足させて終わらせることが望ましい。低年齢児の水遊び・砂遊びは，すぐ山や池をつくる遊び方を教えようとしないで，まず素材に十分にひたりきる時間を与えることが大切である。

　2歳前後になると，子どもはいろいろの物について積極的に取り組み始める。砂をカップに詰めてはあける，小型の積み木や小石を積んでは崩し，また積むなどである。特にこのころさかんになるのは並べる行動で，同じような小形の物があると，床や畳の縁などの直線に沿って並べることが多い。このような基礎的行動を経て，しだいに物の性質を感じ取り，型抜きや構成的な遊びができるようになる。

　手元にクレヨンや鉛筆と紙があれば，大人やほかの子どもが描く様子を見て，自分も描こうとし始める。はじめて三輪車に乗るときも，まずほかの子どもが乗る様子をじっと見ていて，つぎに空いている車にさわり，押して歩き，またがったり降りたりすることを繰り返し，それから漕ぎ始める。子どもにとってはこの一つ一つが意欲を持って試し，繰り返す行動なので，「できるかどうか」だけを問題にせず，「いつ乗り出すかな」というくらいの余裕をもって見守りたいものである。

3．模　　倣

(1) ま　　ね

　「まね」は乳児期のごく初期から表れる。音声を使って話すことも，立って歩くことも周囲の人々のやり方をまねているといってよい。よく子どもはまねが好きといわれるが，児童期以後現れるいわゆる「物まね」と異なり，乳幼児のまねは環境の要素を自分で取り込もうとする過程である。子どもの社会的成長はここから起こると言っても過言ではない。歩行が始まると行動が自由になるので，まねはいっそう目立つようになる。1

歳半前後から，身近な者のすることをじっと見て，自分も同じことをしようとし，同じ物を持とうとする。年齢が近いきょうだいがいる家庭では，よく「一時期は同じおもちゃを2つ買わなければならなかった」という。

同じことをしたがるまねは，いかにも単純な行動に見えるので，「困ったこと」とされやすいが，しかしすぐにまねられるのは，それだけよく観察し，素早く行動できるようになったことを示している。一通り年長者について歩く行動が終わると，年長者のできることと自分ができることの区別がつき，満2歳を過ぎれば次第に独自の行動がとれるようになる。

同時に同じことをしようとする模倣ではなく，時間をおいて起こす模倣がある。たとえば朝，父親が新聞を読むのを見ていて，父親が出かけた後で，子どもが新聞を手に持ち，いかにも読んでいるように見ているのは，どの家庭でもほほえましいしぐさとして語られている。新聞は逆さに見ていたりするが，確かに新聞紙という物に対して大人がとる行動を記憶し，あとから自分も同じようにやってみようとするもので，包装紙や広告の紙ではこの行動を起こさない。

新聞読みと同じにどの家庭でも経験するのは，母親の鏡台の引き出しをあけ，化粧品をつけてみるまねである。2歳前後の子どもで，男児・女児に関係なく起こる。子どもの手はまだ不器用なので，口紅は盛大に唇からはみ出すが，口紅は必ず口のまわりに，クリームや化粧水は頬につけるので，子どもが母親の使い方をよく観察し，しっかりと覚えていて，その記憶どおりやってみようとしていることがわかる。このような模倣は時間が経ってから起こるので，心理学では「延滞模倣」とよばれる。延滞模倣は子どもが確実な観察力と記憶を持っていることを示す行動である。

(2) 再　　現

2歳前後になると，延滞模倣はいくつかのまねが組み合わされて構造化されてくる。たとえば子どもが母親のバッグを見つけて手に持ち，その辺を歩き回って戻って来て「ただいま」と言ったり，空の皿や茶碗をそばにいる人，人形，ぬいぐるみなどの前に置いて「どうぞ」と言ってすすめるなどである。バッグを持って歩き回るのは「母親がこれを持って外出し，ただいまと言って帰って来る」ことを表し，皿を置いてどうぞと言うのは，食事やもてなしのありさまを表す。この行動は，新聞読みのように，断片的な行動をただまねているので

はなく，子どもが心の中で記憶を編集し，あるまとまりをもって表現していることがわかる。このような行動を，「再現」という。

(3) 見 立 て

子どもの模倣や再現行動は，始めは実物について起こる。しかしふつうの家庭ならば，子どもには危険な物や大きすぎる物，こわされては困る物のほうが多く，危ないものに手を出せばたちまち取り上げられてしまうので，まもなく子どもは代わりの物を見つけて使うようになる。たとえば定規を持って包丁で切るまねをしたり，積み木を皿にのせて「ケーキ」といったりする。このように代わりの物を実物として扱うことを「見立て」という。

見立ては，子どもが実物と他の物の間に，何らかの共通性を見出したときに起こると考えられる。見立てが始まると子どもの再現は急速に自由になり，一つの積み木をケーキにして食べるふりをしたり，電車に見立てて，レールに見立てたしきいの上を動かしたりする。幼児期の代表的な遊びであるごっこは，「見立て」と「ふり」による再現活動である。

(4) イメージと体験

皿に積み木をのせて「ケーキ」というとき，子どもは今ここにはないけれど，以前に食べたことがあるケーキの形を積み木の形から思い浮かべたと考えられる。このように，今見えていないものについて，心の中に思い浮かべる姿・形・ありさまをイメージという。イメージという言葉は，いろいろな意味で使われているが，最も基礎的なイメージは，心の中に思い浮かべる像（心像）である。

たとえば，私たちは「バラの花」という言葉を聞いたとき，すぐバラの花の形や匂い，感じなど花のありさまを思い浮かべることができる。この思い浮かべた「ありさま」が，最も基礎的な意味のイメージ（心像）である。バラの花を「知っている」と思うのは，そのイメージを心の中に思い浮かべられるからであって，たとえば「スベリビユ」という名称から何も思い浮かべられなければ，

その植物は「知らない」ということになる。言い換えれば，ある物事を「知っている」とは，それについて確実なイメージを持っていることなのである。

はじめて英語を習ったとき，book——本と訳語を覚える。このとき「本」という言葉には，大きい本，小さい本などさまざまのイメージをすでに持ってい

初めて見るケーキをマンマと言う

るので，それを book に移し変えて「わかる」のである。しかし初めて言葉を覚える子どもは，一つ一つ実物について，「これも本，あれも本」と覚え，全体として「本」のイメージを作り上げていく。だから子どもの基礎的なイメージを作るのは，日常の体験なのである。

この時期の子どもは，さかんに言葉を獲得している時期である。イメージは絵や映像からもつくられるが，たとえば「バラの花」なら，映像は消えてしまえば何も残らない。絵本の絵は繰り返し見ることはできるが，花の香りや手触りは伝わってこないし，つぼみからだんだんに花が開き，香りがあふれ，そしてやがてしぼんでいく経過はわからない。したがって確実なイメージをつくるには，できるだけ実物に触れ，いろいろな物を扱う体験が必要なのである。子どもが繰り返し試し，ひたりきろうとする行動や，大人から見れば同じような物について何度も「これなあに」と繰り返して聞くのは，実物と言葉を結びつけようとする意欲をよく表している。

III 保育者の役割

歩行開始から満3歳までの2年間は，子どもの生活全体が大きく変わる時期である。食事・睡眠・排泄などの基本的生理現象に自分で対応し，そのために

必要な物の扱い方を覚え，危険や安全を感じ分け，言葉を覚えて対人関係をつくるなど，この時期に習得しなければならないことは，このあとのどんな学習にも比較できないほど多い。子どもは信頼する大人に見守られながら，ある時は厳しく制止され，ある時はほめられ，喜ばれ，助けられながらこの発達を続けるのである。子どもの成長を助けるのは，家庭では母親などの養育者であるが，長時間子どもを預かる園では保育者がこの役割を持つ。子どもにとって保育者は成長の依り所なのである。

　食事や排泄は最も身体的なものなので，できるかぎり快の状態で行われなければならない。おなかがすいて箸やスプーンを使うのが間に合わず，手ずかみで食べるようなことがあっても，まず空腹を満たす快さを認めたいものである。食事が楽しければ，必ずスプーンや箸を使いこなそうとする意欲を持ち，大人や年長児をモデルにして練習を繰り返すものである。

　行儀作法のしつけも，子どもが食事を楽しみ，自分で食べようとする意欲があって成り立つもので，しつけが先に立つと，この意欲は失われてしまう。また子どもがご飯を食べなかったからといってデザートを取り上げたり，残した物を無理に口に押し込んで食べさせるようなやり方は，小さい子どもにとってひどい体罰と同じであることもわきまえておく必要がある。

　未満児の食事の時間は，保育者にとって大切な「授業時間」と考え，子どもに対し，静かに明るく語りかけ，応答するように心がける。子どもの頭ごしに保育者どうしが大きな声でやりとりするようなことは，特に注意して避けたいものである。

　排泄が個々に起こるように，眠さも子どもにより，時によってかなりの違いがある。1歳児の間は活動の差も大きいので，できれば疲れた子どもが随時眠れるための設備があることが望ましい。

　ここで子どもと環境のかかわりとしてあげた子どもの行動は，ほとんどが「遊び」とよばれるものである。子どもは信頼する大人の存在（人的環境）のもとに安定して遊ぶとき，このように大きな成長を遂げるのである。

第6章

3 歳 児 期

I 発達の姿

　満3歳を過ぎるころまでに，子どもは幼児としてほぼ自立できる段階になるので，幼稚園では3歳から入園を受け付け，保育所でも未満児とは違う集団生活に入る。現在3歳から入園する子どもは年々増える傾向にある。

　家庭から初めて入園した子どもは，これまで全面的に頼ってきた養育者から離れて，知らない大人である「先生」を依り所にし，家とは全く様子が違う保育室の中にいなければならない。また，3歳児のクラスはふつう4・5歳児クラスよりも人数が少ないが，このころの子どもは3以上の数は多数と感じるので，とても大勢の子どもの中に入った感じを受ける。「みなさん」「みんな」など複数を表す言葉は，家庭ではほとんど使われないから，「みんないらっしゃい」といわれてもわからない子どもがいることもある。入園時に泣く子どもは，このような大きな変化を強く感じるからである。

　子どもは保育者を園生活の依り所として安定できるようになると，しだいに落ち着いて周囲の探索を始める。この探索は1歳児のように次々と新しい物に手を出すのではなく，かえって自分が見慣れた物，よく知っている物を探そうとする。たとえば置いてある絵本の中から自分の家にもある本を見つけると，「これ，おうちにもあるの」と言って保育者に見せ，しばらく抱えて歩いたりする。積み木やおもちゃについても同じで，「うちにもある」「知っている」物

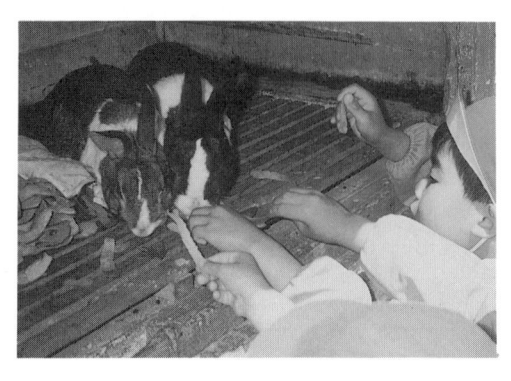

が，家と新しい環境をつなぐ手がかりになり，それを告げることが保育者に対する信頼の表れなのである。

　子どもの手がかりはそれぞれに違い，うちにある物だけとはかぎらない。園で飼っているウサギなどを毎日じっと見ていて，そのうちに，「ウサギさん見てくる」と保育者に話せるようになり，泣かなくなったという例も多い。したがって始めから子どもたちに同じ行動をとらせると，手がかりのない子どもは不安のままに引きずられてしまい，かえって全体の安定が遅れることもあるので，特に泣く子どもが多いときは十分に時間をかけることが望ましい。

　3歳ごろまでの生活は家庭によってかなり違うので，子どもの体験の違いも大きい。ある子どもは絵本や紙には慣れているが，水や砂で遊んだ経験がないこともあるし，親の転勤などで違う地域からきた子どもは，言葉のほんの少しの違いでも意味がわからないことがあるので，注意する必要がある。

　3歳児が落ち着いて自分から遊び始めるには，ほぼ1〜2カ月かかる。なかなか遊び出すことができないで，黙って見ている子どもがいても，ほかの子どもの遊びを熱心に見ているようならば，さほど心配する必要はない。このような子どもは，ほかの子どもの活動を通して自分ができそうなことを探索しているので，これも友達とかかわる姿なのである。このような子どもは，出始めは遅くても，いろいろなやり方をよく見てから，自信をもって独自の活動を始めることが多い。

　それぞれの子どもの活動がさかんになるにつれて，お互いに相手を意識し，だんだんに友達の名前も覚えていく。ふつう20人程度のクラスならば，子どもたちがクラス全体の名前を覚えるのは2学期になると見てよい。3歳児期は，比較的ゆっくりとした生活の中で，子どもたちが自分で自信をつけていく時期なのである。

II　環境とのかかわり

1.　環境の準備

　入園当初の3歳児室は，前に述べた絵描きコーナーの例(14ページ)のように，子どもが親しみやすいことを第一に考えて準備する。ふだんから地域の家庭の様子に注意して，入園前の子どもがどんなおもちゃや絵本を持っているかなど，見当をつけておく。たとえば絵本を用意するとき，保育者から見れば低俗なものであっても，子どもが「おうち」と結びつける手がかりとなることもあるし，畳の生活が多い地域では，本は机の上やブックスタンドに並べるよりも，床に小形のカーペットを敷いて，やや雑然と広げて置く方が取り付きやすいことが多い。

　大きめのプラスチック・ブロック，木製の大型積み木などは「おうちにないもの」として子どもの興味を誘う。木製積み木はできれば年少児用の枠形積み木，中型積み木などがよい。全園共通でホールに置いてあるようなときは，一部を分けて3歳児室に置くと，子どもはままごとのテーブルや台にしたり，またがって乗り物に見立てるなど，さまざまな使い方を始める。ままごと道具，人形，車，電話機などのおもちゃも，できるだけ子どもが手に取りやすいように置く。子どもが園に慣れ，片付けなどができるようになるにつれて，室内の物の置き方などを変えていくことは言うまでもない。

　このほか室内の水道と手拭き用のタオルをかける位置，うがい用のコップの置き場所なども，子どもがわかりやすく動きやすいことを第一にする。

2.　活動の展開

〈事例1〉3歳児4月
　A子は入園後3日目に，絵描きコーナーで保育者が渡した白い画用紙を

包みのように折り込んでセロテープで止めた。
「何ができたの？ お母さんにおみやげ？」
と保育者が聞くと，しばらく黙っていて，それから下を向いたまま聞こえるか聞こえないかというほど小さい声で，
「オムツ」
と答えた。

　A子は3月末に満3歳になったばかりで入園した子どもで，入園前2月に妹が生まれている。A子にとって白い紙は赤ちゃんのオムツと結びつき，オムツに見立てて折りたたんだのである。このときA子は，家にいる赤ちゃんと母親を思っていたのであろう。A子は入園後，何とか泣かないでがまんしている，とでもいうように黙って何もしないでいて，この「オムツ」が初めての積極的な活動だった。保育者はA子の気持ちを引き立てようとして明るく語りかけたのだが，A子の思いとはかけ離れていた。それでもA子は何とか答えようとしたのである。

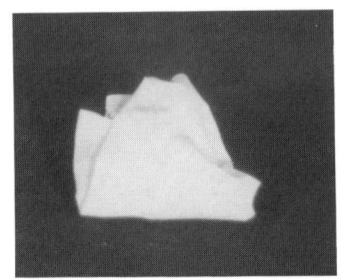

「オムツ」

　A子は5月過ぎてから一人で人形遊びを始め，気に入った人形をタオルに包んで抱き歩いたり，おもちゃの乳母車に入れて園庭に連れ出していた。

　幼児にとって，弟妹が生まれたことは家庭環境の大きな変化である。A子の場合はさらに入園という変化も加わって，かなり負担であったであろう。人形遊びは赤ちゃんとその世話をする母親の姿であり，園にいてもそのイメージを思い浮かべていたと思われる。

　入園後まだ日が浅かったために，A子の見立ては一人遊びとして発展したが，もっと一般的な見立ては共感を持つ子どもを誘い込み，一緒に遊ぶ機会をつくり出していく。

> 〈事例2〉 3歳児5月
>   B夫は保育室の隅で数個の大型積み木を積み重ねていたが，そのうち台にした積み木の上に立って，
>   「タクシーです，乗って下さい」
> と言った。
>   人形を抱いて歩いていたC子が振り返ってB夫のタクシーを見たが，乗るところがない。C子はあたりを見回し，積み木の板を1枚持ってきてB夫の後ろに置いて客席を作って乗り込み，しばらく一緒に遊んでいた。

　B夫は大小の積み木を積み重ねているうちに，自動車——タクシーを思い出し，重なった積み木をタクシーに見立てて，自分が運転手になった。「タクシーです」と言うのは見立てた物の命名で，「乗って下さい」は運転手としてのせりふである。C子が人形を抱いて歩いていたのは，「赤ちゃんを連れておでかけ」のイメージの行動であろう。おでかけとタクシーのイメージが一致したので，C子はお客の役割をとり，それぞれの一人遊びは合流して共同の遊びになったのである。

　A子・C子の一人遊びはお母さんごっこ（おうちごっこ）の始まりで，B夫のタクシーは乗り物ごっこである。3歳児のごっこは画用紙のオムツ，人形，積み木を積み重ねたタクシーなど，手元にある物や自分が作った物を，自分が経験した物事（本物）に見立てることから始まる。このとき本物を所記，手元にあるものを能記という。見立ては子どもが能記と所記の間に必ず何かの共通性を感じたとき起こる。このころの子どもが好んで「（これは）何々みたい！」というのは，その表れである。

　見立ては子どもが物事を比較し，共通性がわかる力を示すもので，言葉の獲

得をはじめ，思考力，想像力，表現力の発達と深い関係がある。

〈事例3〉 3歳児6月
　D男は毎日花に水をやるのが好きだった。雨の日に，保育者に今日は水をやらなくてもいいと言われて，保育室からテラスに並べた植木鉢をじっと見ていたが，
　「今日は雨が水をやっているから，やらなくてもいいんだね」
と言った。

〈事例4〉 3歳児12月
　E子は秋ごろからよく空を眺め，雲の形をいろいろの物に見立てていた。
　「先生，お魚がいっぱいいるよ」
　「ウサギがどんどん行っちゃったの」
と，いちいち報告にくる。はじめ保育者は本当に魚やウサギを見たのかと思ったが，出てみて雲であることがわかった。E子はしだいに，
　「旗があってね，それから消えちゃったからね，あとからゾウが探しに行ったの」
と雲の変化を長く続けて話せるようになった。

　D男は雨にぬれた草花を見て，自分がやったときと同じ様子になっていることを感じ，「雨が水をやっている」と言った。E子の表現も，雲の形に自分が知っている物の姿を感じたものである。このような表現は，しばしば「かわいらしい」「夢がある」と言うだけで片づけられてしまうことが多いが，実際の観察が土台となっていることを見逃してはならない。雨や雲に関心を持って見ることは自然事象にかかわる姿であり，科学的研究心も想像力も，このような基礎

の上に同時に成り立つのである。

III 子どもの生活と保育者の役割

1. 子ども集団の発達

　入園した子どもがまず保育者と結びついて生活を始めることはすでに繰り返し述べた。子どもが安定して遊び始め，子どもどうしの遊びがふれあったとき，子どもは子どもどうし結びつき始めるのである。クラスは一つの集団であるが，集団を育てるにはただ「みんなでなかよく」と言い聞かせたり，手をつながせればできる，というものではない。

　遊びのふれあいは，みんなが同じことをしているときよりも，事例2のようにそれぞれ違う遊びをしているときの方が発展しやすい。保育室内にいくつかの遊びが同時に起こっていれば，自分だけでは積極的に遊び始められない子どもも，どれかやってみようと選んで加わることができるし，違う遊びが交流すれば新しい遊びに変化していくこともあるからである。

〈事例5〉 3歳児6月
　F夫は机の上で粘土をこね，小さく丸めて並べていた。粘土玉が10個あまりになったとき，手を休めて保育者に，
　「先生，ぼくお菓子やさんになっちゃった。買いに来てよ」
と言った。保育者がそばに行くと，F夫は粘土玉を1つとって渡した。
　「おいしそうなお菓子ね。おいくらですか？」
と保育者が聞くと，F夫はびっくりしたように保育者の顔をみて，
　「えーと，あのね，百円です」
と答えた。
　「ハイ百円」
　保育者がお金を渡す手まねをすると，F夫はさもうれしそうに受けとる

手まねをした。それから自分も手を伸ばして、
　「ハイ，おつりです」
とお金を渡すふりをした。
　F夫のそばでこのやりとりをじっと見ていたG子は，机の上の花瓶にたくさん挿してあったアジサイの花を1本保育者にもらうと，少しずつ分けて小さい乳飲料のビンに挿して並べ，
　「私はお花屋さん」
と言った。

　F夫はお菓子屋さんになろうとして粘土玉を作ったのではない。粘土玉がたくさんになったので，お菓子がたくさん並んでいるお菓子屋のイメージを思い浮かべて見立てたのである。「お菓子屋さんになっちゃった」という表現がよくこの経過を表している。保育者はまずF夫の見立てに「おいしそうなお菓子ね」と応じて共感を示した。これで保育者は遊びに入っていったことになる。次にお菓子を受け取って値段を聞いたのは，F夫の見立てを「ごっこ」に発展させようとする試みである。F夫は少々とまどったが，それらしい金額を答えることができた。値段を聞かれてびっくりする段階の子どもには，お金を渡す手まねだけで十分なので，F夫はすぐおつりを返すことができた。G子はこの様子を見て，自分もお店屋をしようとした。いわば目的を持って遊び始め，しかもF夫とは違う店を考えたことになる。遊びを発展させ，子どもの個性を発揮させるものとして，この保育者の指導はたいへん優れたものといえよう。
　子どもと子どもの結びつきよりも，子どもと保育者の結びつきが強いうちは，子どもどうしの会話はまだあまり起こらない。子どもの活動がしだいに活発になるにつれて，積み木を並べている子どもどうしが，
　「なに？　それ」

「高速道路だよ」
「入れて」
「いいよ」
というような簡単なやりとりを始め，一緒に遊ぶと，
　「こっちのほうがいいよ，もっとこっちに伸ばそうよ」
　「あれ取って！　あの大きいの」
など，要求や相談の必要が起こってきて，子どもはしだいに互いの意志を伝え合えるようになる。ときには衝突することがあっても，意志を伝えることによって共感が生まれ，子ども集団として成長し始めるのである。

2．保育者の役割

　3歳児は月齢による差も大きく，1日の生活の中でも体調に変化が大きい。これまで事例としてあげたような活動は，午前中の充実した自由活動の間に起こる。通園バスの時間の都合などで午後に活動時間をとっても，同じように活動できるとはかぎらないのである。また保育所や保育時間後の託児を引き受けている幼稚園では，午前中は子どもどうし遊ぶことができても，午後は少し低年齢児のように保育者を頼ってくると考えてよい。気候や天候によって，雨の日，寒い日，夕方早く暗くなるころなどは特に注意して，温かい保護者として子どもに接したいものである。

　食事や睡眠は，大人でも基本的に家庭で行われる個人の生活であり，くつろぎの時間である。集団生活の初めに集団として厳しくしつけるという意見もあるが，これは3歳児にはまだ適当とは言えない。子どもにとって食事や午睡は，保育者のやさしさや温かさを感じる時間でありたい。依り所としての温かさとくつろぎの雰囲気があって始めて，集団は成長を続けることができるのである。

---第7章---

4 歳 児 期

I 発達の姿

　幼稚園教育は3歳児から受け入れるが，現在は4歳児から入園する子どもが最も多い。4歳児期になると子どもは生活習慣の自立も確実になり，自信を持ってくるので，新入園児も初めのうちは3歳児と似たような行動をとるが，期間は3歳児よりずっと短く，比較的早く安定する。家庭にいても近所の子どもや通園の園児を見たり，テレビその他による経験から，園についてかなりの知識を持っているためであろう。
　園に慣れている子どもは数日で生活になじみ，積極的な子どもは好奇心を発揮して室内のおもちゃや絵本をしらべたり，飼っている動物を見に行き，遊具に乗ることもあるので，新入園の4歳児は3歳児より早く園内を見せて回り，遊び場所について最低限の規則などを知らせておくとよい。一方，月齢の低い子どもやいつも親の側を離れなかった子どもは，早く慣れる子どもがいるためにかえって気おくれがして集団に入りにくいこともあるので，園内を見せるときも保育者が手をつないだり，語りかけるときは必ず名前を呼ぶなどの配慮をする。活発に行動できる子どもが多いだけに，早くから全員の行動をそろえようとすると，慣れない子どもに負担がかかるので注意したい。
　満5歳前後になって生活に自信を持つと，子どもは周囲（環境）に注意を向け始め，急速に観察力が増してくる。細かい部分に観察が進むので，園で自分の

持ち物を間違えることは少なくなるし，大人から見ると同じような製作物が並んでいても，お互いの作品をまちがいなく見分けている。特に興味を持った物については細かい部分まで正確にとらえ，物の商標や会社のマーク，車の型などをよく見分ける。観察が細かくなると興味を増し，興味を持てばますます観察が正確になり，また観察したものをよく記憶する。

　観察力がついて興味を持つと，言葉の内容も増えて豊かになる。また自信を持ったことは相手に告げようとするので，子どもどうしの会話もさかんに起こり始める。たとえばイヌという言葉は，初めて覚えたときは1匹か2匹の犬だが，いろいろな犬を知ってくると，どんな犬かが大問題になる。

　しかし，まだ会話の力より自己主張が強いので，
　「それで，叔母さんちの犬がね……」
　「犬って，どんな犬？」
　「すっごく大きい犬なんだぞ，すっごく」
　「大きいって，どのくらい？」
　「うーんとおっきい」
　「じゃあ，この机3個くらいか？」
などと子どもどうしの話はよく混乱する。だから4歳児の部屋はいつもにぎやかである。

　言葉そのものに関心を持つ子どもも多く，大きい・小さい・高い・低いなど対になる言葉を喜ぶ。家に兄姉のある子どもなどが，「広いの反対なあに」「"ア"が付くものなあに」などの言葉遊びを持ち込むこともあるが，それぞれ自分が知っている言葉で題を出したがるので，ここでも混乱することが多い。しかしこのような混乱を経ながら，互いに調整し合うことも同時に学ぶので，4歳児期の終わりごろには，興味のある子どもどうしで，かなり長い会話のやりとりができるようになる。

　細かい形の見分けがつき，言葉にも興味を持った子どもは，まもなく文字に関心を示す。大多数の子どもはこの時期に自分の名，クラスの名，駅名などの字を読み，自分でも書こうとする。まだ文字を書くには，手先の細かい動きが十分とは言えないので，形はうまくとれないが，書こうとすることによって急速に発達することもある。

子どもによっては，数や数字にも強い興味を示し始める。文字や数を覚えることを高く評価して喜ぶ大人もいるが，子どもにとっては車の型や野球選手の名を覚えるのとさほど違わないことなのである。特に数は，大人に教えられるのを暗記するだけのことなので，先を急いで計算などを教えるのは注意が必要である。(数量と子どもの生活参照，112ページ)

4歳児は身体的機能も進むので，体の動きが活発になり，鉄棒・跳び箱・トランポリンなどの運動器具に挑み，なわとびやボール遊びの練習をしてうまくなろうとする。スポーツ好きの子どもは野球・サッカー・プロレスの選手のまねをしたり，音楽に合わせて流行歌手の体の動きや踊り，リボン体操などをやってみようとする。

4歳児期の子どもは好奇心にあふれ，目標を求めて急速に成長する。個々の目標はまだごく単純で変わりやすいが，しだいに個性が発揮される大切な時期である。活発で自己主張が強くて，けんかが起こることもあるが，一方ではそれぞれの特徴を子どもどうし認め合い，協力しようとし始める。また子どもの成長が速いだけに，月齢の低い子ども，控え目な子どもの個性を発揮できるよう，援助に十分な配慮が必要である。

II　環境とのかかわり

1．環境の準備

4歳児は多様な活動が予想されるから，室内環境が偏らないように注意し，また子どもの変化に応じて，いつでも変えていけるように準備する。たとえば室内に置く絵本などは，月刊誌だけでなく物語もの，科学ものや図鑑類も常備しておくと，子どもの向上心を助けることができる。また七夕やひな祭りの行事，園外保育や散歩で見たものなど，子どもがその時々に話題にするものに関係のある本などを随時用意できるようにしたいものである。

空き箱・フィルムやパック類などの不用になったものを集めて，いつでも使

えるように保育室内に用意して置くと，製作の意欲をそそる。粘土・画用紙などの素材，接着テープ，ホチキス，ハサミ，のりなどの道具・用品類は，個人持ちよりも共同で使えるように整理して置く方が管理しやすい。木材は子どもにとって十分な手ごたえのある素材なので，かまぼこ板その他の木片を集めておき，クギ打ちなどから始める。4歳児は木工に限らず，年長児の活動を見て，自分たちもやってみたいという意欲を起こすから，5歳児の木工活動を見る経験を持ってから導入するのもよい方法である。

ままごと道具のほかに，教材としてさまざまの食物の模型が市販されているが，あまり細かく整えすぎると見立てが起こりにくくなるので注意したい。ままごとの材料に木の葉や木の実などの自然物が使えれば申し分ないが，園内の砂・石や紙類を使って料理を作ったり，積み木や空き箱を家具・道具に見立てて製作を起こせるように準備できれば，いっそう総合的な活動になる。

4歳児は園内でも行動範囲が広がるので，環境の準備は保育室だけでなく，ホールや園庭の設備も合わせて考えておく必要がある。室内で製作など比較的運動量の少ない活動をした日は，全員で園庭を走ったり，ホールで全身を動かすような活動を組み合わせて考えておくのも環境準備の一つである。

2．活動の展開

〈事例1〉 4歳児5月

A子は低鉄棒が好きで，いつも登園するとしばらくの間鉄棒にとりついていた。一番高い鉄棒につかまりたいのだが，どうしても手が届かない。何度も飛びつこうとしたが，自分が鉄棒の真下に立つので，飛び上がると手が先に出てしまう。保育者が見ていると，A子は砂場のそばにあったタイヤをひきずって来て踏み台にし，やっと鉄棒につかまることができた。

しかし体を振ろうとすると，今度は足がタイヤにぶつかってしまう。手だけで鉄棒を横に移動することはまだできない。A子はしばらく考えてあたりを見回していたが，木製の電線巻きがあるのを見つけて持ってきて，3個重ねて踏み台にすることを思いついた。体を振るとき足で電線巻きをけとばせばじゃまにならない。

A子の思いつきを見て、ほかの子どもも電線巻きを持ってやってきた。そのうち、踏み台にするよりけとばすのが面白くなって、砂場の用具小屋に積んである発泡スチロールの空き箱を持ち出して置く子どもも出てきた。この遊びは断続的に夏まで続いた。

　低鉄棒は比較的女児が好む遊具で、上達も速い。A子は一番高い鉄棒に挑もうとし、工夫して成功しただけでなく、仲間に新しい遊びを考え出させた。保育者はA子の様子をよく見てはいるが、すぐに抱き上げてつかまらせるような援助をしなかったので、かえってこれだけの発展を助けたといえる。電線巻きや発泡スチロールの箱は、日頃子どもがさまざまな物を使うことを見ている父兄から寄贈されたもので、子どもの工夫を助ける素材に近い材料として常備され、豊富な物的環境となっている。

　〈事例2〉 4歳児5月
　雨の日に、活発な子どもたちの一団が階段の2段目・3段目から飛び降りる遊びを始めた。もっと高い段から飛ぼうとする子どもも出てきたので、保育者は子どもたちと遊戯室からマットを運んできて階段の下に敷いた。階段を降りてきた5歳児に「じゃまだぞ。やめろ」と言われた4歳児たちは、しばらく相談してからマットを引っ張って縦に置き、階段の片側に並んで順番を待つようになった。

　このとき4歳児たちは、「星組（5歳児）がやめろっていうの」と保育者に訴えている。先生がマットを出してくれたのだから公認のはずで、年長児からクレームがつくとは思わなかったのであろう。
　「じゃあ、どうやったら、じゃまにならないようにできるかしら」
と保育者が言ったので、片寄せて通路を空けることを思いついたのである。こ

れはしつけとして始めから禁止することもできる遊びだが，保育者は雨降りで遊び場も少ないのでやらせてみて，かえって禁止したり，制限つきで始めるより効果が大きかったと言っている。

　4歳児は体を動かしたがるように，頭も活発に動かそうとする。単純な因果関係ならばかなりよく理解し，その範囲で自分も論理を立てようとするので，大人からみると"へ理屈をいう""口答えをする"と受け取られることも多い。しかし，できるだけ具体的な物事に応じて考えさせる機会をつくると，この2つの事例に見るように，かなりの力を発揮する。子どもが自分で考える機会をつくっていくことは，この時期の大切な援助である。

〈事例3〉　4歳児7月
　B子はおうちごっこが好きで，登園するとすぐままごとコーナーの引き出しから長いスカートを取り出してはき，お母さん役を宣言する。
　積み木のテーブルに紙皿を並べ，
　「朝ご飯ですよ，はやく食べて学校に行くのよ」
と言うと，子ども役のC子が
　「今日のおかずはなに？」と聞いた。
　B子は一瞬とまどったが，急いで製作材料がある場所に行って黄色のクレヨンをとってくると，紙皿にぐるぐる黄色の丸を描いて塗りつぶし，
　「目玉焼き」
と言ってC子の前に置いた。C子は少し不満そうに見て，
　「目玉焼きはお姉さんが作るんだから」
と言いながらコーナーに行き，画用紙に目玉焼きの黄身を描いて，白身らしく余白をつけて切り抜いて持ってきた。

　おうちごっこは家庭環境の出来事を再現する遊びで，寝る・起きる・食べるなどから始まる。保育園児では1・2歳児ごろから断片的に起こり，年長児の仲間に赤ちゃん役で入れてもらって，やり方を覚えることもある。家庭の人間関係をよく見ている女児がリーダーになることが多いので，聞いていると母親そっくりの口調で話すので微笑まされる。

B子もその一人で，いつもC子と遊んでいた。子ども役のC子がおかずは何かと聞いたので，空の皿を見立てるだけだった食事に料理が導入されることになった。このようなとき，ごっこが進行するにはすぐ製作材料がいるので，少なくとも一通りの素材と道具が自由に使える準備が必要なのである。もし製作ができなければ，互いに言い争いになったかも知れない。しかしC子はお姉さん役を宣言してB子の目玉焼きを作り直し，B子と対等になったので，ほかに子ども役を受け入れることもできるようになった。このあとC子は積み木のテーブルにテーブルクロスをかけたり，朝起きるための目覚し時計を作っている。B子に比べてC子は，どちらかと言えば家庭の物的環境に興味を持っているといえよう。少しずつ違う興味が合流したので，遊びはより発展したのである。

〈事例4〉　4歳児9月
　夏休みに新幹線で旅行したD夫は，園が始まるとさっそく保育室に椅子を2列と3列に並べ，新幹線の座席に見立てて乗り物ごっこを始めた。通路は空いているが，前後の椅子がぴったり付いているので，乗客になって仲間に入った子どもは腰かけられずに椅子の上に座り込んでいるが，D夫も乗客たちもさほど気にしないでいる。保育者が仲間に入って，
　「おや，先生座れないよ」
と言うと，やっと気がついて座席の間を空け始めた。ままごとコーナーからじっと見ていたE子が，空きパックを入れた段ボールの箱をそのまま押して通路に入ってきて，
　「お弁当はいかがですか」
と何度も往復した。

　この例の新幹線は，座席を作って乗り物に見立てる固定式乗り物ごっこで，同じ場所を動かずに想像だけで世界中どこへでも旅行する。これに対し移動式乗り物ごっこは，古典的な電車ごっこ（なわ電車）が代表するように，車体や座席を想像で補い，中に入って手で支えただけの段ボール箱が最新型のレーシングカーや乗用車になる。固定式の乗り物ごっこは，子どもの関心のある部分が忠実に再現される。D夫は左右で数が違う座席を新幹線の特徴としてとらえた

のであろう。この乗り物に図鑑などの知識が加わると、運転席を作ってたくさんの計器盤や通信機を取り付けたり、新幹線に食堂車ができたりする。保育者が遊びに入るのを見て、E子が自分も加わりたいと思い、弁当売りを考えついたのも、この合体の始まりである。社会環境を写すごっこはこのようにいろいろな活動を合流させ、子どもどうしが協力し合う機会をつくり出していく。

〈事例5〉 4歳児11月
　F子とG子は絵本が好きな、比較的静かな子どもで、よく一緒に絵本を見ていた。ホールに平均台が出ていたので、2人は平均台の上を渡りながら「3匹の山羊のがらがらどん」の山羊のせりふを言って遊ぶことを思いついた。近くにいたH夫とK夫がすぐこれに加わり、次々に平均台を渡った。そのうちK夫がトロルの役をとり、あとの3人が山羊になった。
　保育者はこの日、降園前の時間にがらがらどんの絵本を読んだ。4人は大喜びをし、翌日は平均台を使ったがらがらどんの遊びが2組になった。山羊の役は3人とはかぎらず、何人も続けて渡り、順番にトロルの役をとった。
　保育者はF子とG子にペープサートの作り方を教えたので、遊びはまた繰り返された。12月の発表会でする劇を決めるとき、ほとんど全員が「がらがらどんをやろう」と言った。

　ごっこは直接経験したことの再現だけでなく、よく知っている物語の筋を再現して起こることもある。それは劇の始まりである。子どもの劇遊びは、誰もがよく知っているお話の筋がさまざまの表現で繰り返されるとき、ごく自然に起こる活動である。子どもたちが、ふだんよくごっこの表現になれていて、よ

く知っているお話の筋を再現するときは，どの役でもとれるし，アドリブを加えてもっとお話を広げることもよく起こる。また，この段階になれば，お面も衣裳も不必要で，筋がわかっていれば全員がどの役でもとれるようになる。

またこの事例で保育者は，いつもあまり目立たない2人が力を発揮できる機会をつくろうとした，と言っている。

III 集団の発達と保育者の役割

1. 集団の発達

4歳児は進んで子どもどうし遊ぼうとするが，始めは家が近くて遊び慣れた子ども，園のロッカーが隣り合わせた子どもなど2，3人が限度で，最小単位のグループである。園生活に慣れて自由に活動できるようになると，最初のグループは消えて，積み木，ブロック，おうちごっこや絵本など，同じ活動をするものが集まり始め，同じ興味で集まれば話題の範囲もかなり決まってくるので，会話はしだいに確実になってくる。興味そのものがたえず変わるから，グループも入れ替わる。一見まとまりがないように見えるが，結果として大勢の友達と話し合うので，集団全体が成長する。

一つの活動をしているときは，そのことについて体験の多い子どもがリーダー格になる。しかし他の遊びに興味を持って仲間に入るときは「入れて」と言ってOKをとらなければならない。この遊びではリーダーでも他の遊びではフォロアーとなる。だから，次々に遊びのメンバーが変わるのは，リーダーが交代することである。活動が多様で，グループが活動的ならばリーダー交代がよく起こって，大勢の子どもが互いに認め合う機会を増し，逆に活動の種類が少ないと，少数の子どもだけが主導権をとるので，遊びはますます固定し，リーダーはボスになり下がってしまうことが多い。これはリーダーが気の毒なだけでなく，クラス全体の成長にとって損失といえる。

4歳児期は，子どもがまず興味によって集まる小集団をつくり，流動を繰り

返しながら遊びの合流を起こし，4歳児後半から5歳児期にかけて，もっと大きい集団に育っていく重要な時期なのである。

2．保育者の役割

4歳児の動きは変化に富んでいるが，それだけにまだ小規模なので，長期的な計画をしっかり立て，見通しをもって素材・用具類を十分に用意しておけば，それぞれの子どもの活動に対応していくことができよう。子どもがさまざまな活動をするといっても，決して全く無方向に起こるのではなく，必ず前に起こった遊び，そのときほかの子どもがしていた遊びと関係があるはずである。その関係をとらえていけば，次にどんな活動が起こるか予測することができるはずである。また繰り返し起こる活動は，同じ遊びでも繰り返すたびに参加する子どもやリーダーが変わっていくので，できるだけ記録をとり，変化に応じて環境を整える必要がある。

〈事例6〉 4歳児4月〜5月

ある幼稚園で，4歳新入園児がどのような遊びに取り組むかを記録し，一つの実験を試みた。

入園後1週間たって，子どもがしだいに落ち着いて遊び始めたころ，保育者は新しくプラレール（プラスチック製の電車と，つないで組み合わせるレールのおもちゃ）を出して子どもたちに提示した。1クラス36人のうち，7名がすぐに保育者のそばに集まってきて，「先生，これなに？」「使ってもいいの？」「ここどうするの？」とたずね，一つ一つやり方を聞きながら遊び始めた。翌日は登園するとすぐにレールを組み立てて同じように遊んだ。

1週間後に，保育者は部屋に置いてあるものとは違うブロックを出した。初めの7人（1軍：観察した保育者がつけたニックネーム）はすぐに新しいブロックに移り，同じように保育者に聞きながら組み立てた。ところで初めのグループがプラレールから離れると，待っていたように他の数人（2軍）がプラレールに集まり，すぐに組み立てて遊び始めた。この子どもたちは1軍が遊んでいるのをちらちらと見ているだけで，やり方を聞かなくても全部わかっていたのである。

残りの子どもたち（3軍）は，新しいおもちゃが出されてもさほど気に止める様子も見せないで，それぞれ自分たちが始めた遊びを続けていた。しかしいつも保育室に置かれるようになると，しだいに自分の遊びに組み入れて使うようになった。

自分のあそびにレールをとり込む（3軍）

この事例で，1軍の子どもが積極的であることは確かである。しかし2軍の子どもも1軍の行動を観察し，やり方を覚えてしまう積極性と理解力を持っている。また3軍は自分の遊びの独自性の中におもちゃを取り入れたのである。この子どもたちの間に個性の差はあるが，優劣をつけることはできない。

大人が注意しなければならないのは，自分が提示したものにすぐ反応し，直接指導を受けようとし，その通りする子どもだけを過大評価して，2軍3軍の力を見失うことである。またもし，いつも全員に同じ物を提示し，一度だけで次の提示に移るなら，1軍だけが優等生になり，2軍・3軍の子どもは力を発揮する機会がなくなってしまうに違いない。私たちは，いつも子どもたち全体の力を発揮できる状況（環境）をつくりだしていかなければならない。リーダー交代はそのための観点である。

4歳児期前半は，リーダー交代が十分行われるように多様な遊びを起こし，しだいに事例4のような多くの遊びが合流できるごっこの展開をはかったり，大勢でできる伝承遊び，また時に応じてドッジボールや開戦ドンなど，大勢になっても同じように遊ぶことができるゲームなどを導入して，グループを広げて行くように計画する。こうして5歳児にはいる前に，それぞれの子どもが自信を持つと同時に，より大きな集団を作れるような環境を整えたいものである。

―第8章―

5 歳 児 期

I 発達の姿

　5歳児はこれまでに園の生活に慣れ，最年長になったという自覚も持つので，自信を持って活動できる時期である。しかし1年保育新入園児，転園児では，進級児がよく慣れているだけに疎外感を持つこともあるから注意したい。たとえば持ち物の置き方，集まりや帰るときの歌につけるしぐさなど，ごく些細なことでも，前の園とやり方が違うと，子どもはどうしていいかわからなくなってしまうこともあるので，当然できると思われることでも，しばらくの間保育者は注意して見守りたいものである。
　満5歳の後半から子どもは急速に語彙が増え，理解力も進むので，同じ興味を持つ友達とかなり長い会話を続けられるようになる。大人の話やテレビなどから情報を集めて交換し合い，子どもどうしが互いに情報源となっていく。たとえば友達がテレビを見ておもしろかった話をすると，自分もその番組を見ようとしたり，どこかの遊園地に連れて行ってもらった話を聞いてうらやましがるようなことも起こる。このために，内容によってはよくない傾向とされることもあるが，一面から見れば，それだけ園や友達の話を家庭でできるようになったことであり，子どもがしだいに自分で自分の世界をつくり始めたことを表す行動なのである。
　5歳児期になると，興味を持った物事について観察はますます進み，集めた

知識を自分でまとめ、さらにもっと知ろうとする意欲を起こす。たとえばバスの停留所や電車の駅の名をいくつか覚えると、その線の駅名を全部覚えようとしたりする。スターの名、スポーツのルールなどを覚える子どももいる。何に興味を持つかは家庭環境によることもあるが、園にある絵本や図鑑、友達との話など園内環境から影響を受けることも多い。家庭では動物を飼ってもらえないので、園のウサギをとてもかわいがり、「ミミコはレタスが一番好きなの。レタスを持ってくると、遠くからでもわかって大騒ぎするの」と言ったりする。

「一番好き」と言うのは、キャベツやニンジンや、そのほかいろいろの餌をやってみて、その時々の食べ方をよく観察し、記憶し、比較しているからであり、連続的観察をする力があることを示している。

連続的な観察ができるようになると、子どもは物事の関係に興味を持ち始める。レタスが一番好きだという判断は、ウサギといろいろな餌との関係にほかならない。手紙をポストに入れる、郵便自動車がポストの手紙を集めにくる、うちの郵便受けによそから来た手紙が入っている、等々の部分的な観察をまとめて、何とか一続きの知識にしようとし、結びつけようとして新しい知識を求め、それを満たすものに出会うととても喜ぶ。「なぜ」「どうして」「それからどうなるの」などの質問を連発するのは、この表れである。

この傾向は試す行動にもよく表れ、機械類やおもちゃの内部をのぞいて見たり、どうなるか違うやり方で動かしたりするので、3、4歳児よりもかえって物を壊したり、危険を伴うこともあって、大人から見るといたずらがひどくなったと言われることがある。しかし子どもの行動をよく観察すれば、単純ないたずらと違うことはすぐわかるはずなので、大人が知識を与える方法を考え、危険を避ける指導をすることが大切である。1章で述べたように、環境の要素は互いに関連し合い、人間の生活は環境とかかわることである。したがって、子どもが物事を関係づけようとすることは、どんな小さなことであっても、環境を理解しようとする意欲として、見逃さないようにしたいものである。

II　環境とのかかわり

1.　環境の準備

　5歳児期に入ると子どもの活動はますます規模が大きくなるので，十分に手ごたえのある活動ができるように，大型積み木・大きい段ボールの空き箱・木材などの素材と，それに伴う用具類を用意する。カナヅチ・ノコギリ・カッターなどは，子ども用と考えて小さすぎるものを用意するよりも，切れ味のよい本物を用意し，安全指導を十分にして使わせる方が結果がよいようである。よく切れれば子どもも慎重に扱い，かえって安全に注意する。

　おうちごっこの素材として，布はそのままテーブルクロスや敷物・布団に使えるし，簡単な指人形その他の製作のために，折りに触れてきれいな端切れや木綿糸・毛糸などを豊富に集めて置く。このような材料は，家庭によっては全く無い家もあるから，子どもに持ってこさせようとするよりも，洋裁店・手芸店などにつてを求めて，全体用の材料として園に置くほうがよい。この時期子どもは急に手先が器用になるので，簡単な編物は十分できるし，子どもによっては刺繍や縫物をしようとする。ノコギリを持って大きな木材に挑むのも，針に糸を通し，縫ってみようとするのも，子どもにとってそれぞれ「手応えのある活動」であり，意欲と努力を発揮させる。そのほか家庭用のオーブントースター，ホットプレートなどを用意して置くと，パンやクッキー，ホットケーキなど本物の料理を，子どもと一緒に作ることができる。ある年には使わないことがあっても，広い範囲で子どもの興味を引き出し，知識を求める意欲に応じられるように，可能性のあるものを用意したいものである。

　子どもがさまざまの知識を集めたり，まとめようとする意欲を起こすには，絵本や図鑑の果たす役割は大きい。子どもの本と言えばおとぎ話と決めてしまわずに，子どもが意欲を起こすきっかけとなり，知識欲を満足させる媒体・情報源としての図書を用意することも大切である。

2. 活動の展開

〈事例1〉 5歳児4月
　4歳児のころから機械好きだったA夫が，片づけのとき小さな黒い金属製のネジを見つけて保育者のところに持ってきた。
「これあったよ」
と言って渡すので，保育者がちょっと不思議そうな顔をすると，
「あの機械（OHP）の台のところのネジでしょう。なかったもの」
と答えた。保育者が一緒に行ってみると，確かに使うには差し支えないが，ほんとうにネジが抜けたところがあって，A夫が見つけ出したネジはぴったりとはまった。

　A夫は機械の台にネジが抜けたところがあるのを観察していたし，また部屋の物陰に落ちていたネジクギを見つけたとき，大きさや色を観察して関係づけ，あの機械の部品に違いないと判断した。
　保育者は「ネジが抜けていることも気がつかなかったので，もしかすると前年度から抜けていたのかも知れない。落ちているネジを見ても，どこから抜けたのか見当もつかないし，たぶん気がつかずに掃きだしてしまったと思います」と言っている。
　A夫の判断は，子どもが言葉で言い表すよりもはるかに正確な観察をしているし，物事を結びつける力を持っていることを示している。
　興味の方向が違えば，観察の対象も変わる。人間について興味を持つ子どもは，友達の母親などをよく覚え，マーケットなどで姿を見るときちんとあいさつをしたりする。園でも誰が休みか，出てきたかを知っているし，誰か困ったり，泣いたりしているといち早く告げにくる。保育者の様子もよく見ていて，服装や髪型を変えるとすぐ気がついて「先生，おでかけなの」と言ったりする。これも観察力の現れで，このタイプの子どもはおうちごっこでリーダー性を発揮することが多い。

〈事例2〉5歳児6月
　ホールの一隅でおうちごっこをしていたB子が，
　「ご馳走ができましたから来て下さい」
と保育者を呼びにきた。行って見ると，積み木で部屋のように仕切った中にテーブルを作り，いろいろご馳走らしい物や花を置いて，4人ほどの仲間がうれしそうに保育者を待っていた。
　「こんにちわ。ご招待ありがとう」
とあいさつして保育者が中に入ろうとすると，
　「うちは6階ですからエレベーターに乗って来て下さい」
とその中の1人が言った。
　「はいはい，あの，もしもし，エレベーターはどこでしょう」
　「こちらです。ご案内します」
　その子どもは，少し離れたところにある，四角に積み木で囲った中に保育者を連れて行き，しばらく立っていてから外に出て，改めて自分たちの家に案内した。そして1人を指さして，
　「今日はこの子のお誕生パーティです」
と言った。

　この子どもたちは，大きな公団住宅に住んでいる。高層住宅では出入りにいつもエレベーターを使うので，おうちごっこにも早くからエレベーターが現れることが多い。この事例でも，エレベーターに乗ることは，あるおうちの仲間に入るためのルールになっていることがわかる。おうちごっこは，このように生活環境を写しながら発展する。おうちごっこのリーダーになる子どもは，家庭で起こるさまざまのエピソードをつなぎ合わせる力があり，赤ちゃんが病気になったので病院に連れて行く，病気が直って家族とピクニックに行く，遠くから親類の叔母さんが来る，などのストーリーを作り出す。逆に言えば，ストーリーを作り出す力がついてきたとき，おうちごっこは飛躍的に発展する。
　おうちの家族が増えすぎると，家は2軒，3軒に分かれて招待し合ったり，病人ができたので入院させる病院が必要になり，急救病院や看護婦役を引き受

ける子どもが出ることもあるし，同じ場所で乗り物ごっこ・お店ごっこが展開していれば，乗り物に乗って買物に行き，デパートで食事をしてくるというストーリーがその場から生み出されることもある。現実の社会はさまざまの関連を持っているので，多様なごっこを経験することがごっこを展開させ，社会環境の理解を進めると言えよう。

〈事例3〉5歳児7月
　外国の豪華客船が日本にきたというニュースをテレビで見たC男は，翌日園に来るとすぐ牛乳のパックや空き箱を材料にして船を作り始めた。しかし客室やレストランを仕切ろうとすると，とても難しくて，できそうもない。
　「何やってんだよ」
とのぞきにきたD夫もそのニュースを見ていたので，
　「豪華客船ってのは，すっごく大きいんだから，すっごく大きくしなきゃだめなんだ」
と言い，2人でホールに行って大型積み木を運びだし，床の上に先の尖った船らしい形に並べ始めた。とても大規模だったので，子どもたちが集まってきて仲間に加わり，船の図鑑を持ち出してきて，
　「プールがあるよ」
　「食堂とレストランと両方あるんだぞ」
　「ゲーム室を作ろう」
と大騒ぎになった。
　ホールいっぱいの船でも，とても全部作れないことがわかって，子どもたちは船の囲みの外にレストランやゲーム室を作ることにした。いったん船の中に入ってからレストランに行けば，船のレストランに行ったことになる。この後ホール中が船の甲板になって，本を読む人，ジョギングをしたり乳母車を押して歩く子どももいた。一方，C男とD夫は船の囲みの前方を仕切って運転室を作り，ハンドルや計器盤らしいものを取りつけていた。

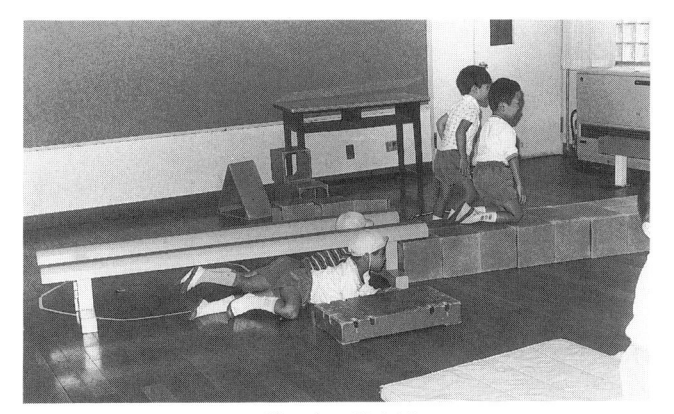

積み木の潜水艦

　この事例では，C男とD夫は船の構造そのものに興味があることがわかる。本当に水に浮かべる船を作るように援助することもできるが，客船のイメージがあまり大きかったので，保育者も固定式乗り物ごっこにするように展開をはかり，ありったけの図鑑や本を集めてきて渡したという。大きな構造物を作ったので，ほかの子どもの注意を引いて遊びに誘い込み，ほとんど全員が参加する活動となった。7月に船作りをする計画だったが，この活動があったためにかえって子どもの関心を高め，救命ボートつきの船やタンカーを作る子どももあった。船の本をたくさん見たことが，製作のよい導入になったのである。

〈事例4〉5歳児2月
　卒園前の2月に，5歳児だけのお別れ遠足がある。今年は市の公園にある動物園に行くことになった。前もって打ち合わせがあって，子どもたちは動物の餌の貯蔵場・調理場や，大きなポリバケツに入れた1回分の餌を飼育係の人に見せてもらって説明を聞き，それから獣医の先生に動物の病気の話を聞いた。
　遠足の後で，子どもたちはそれぞれ気に入った動物を作り，動物園ごっこをして年少・年中クラスを招待して見せることになった。子どもたちは作った動物の飼育係になり，動物を作るより餌の魚やわら，固形飼料を作るのに熱中した子どももあった。「柵や動物小屋の点検修理をする人」「動

物のお医者さん」の役を希望した者が34名のクラスでそれぞれ2名ずつついた。

　動物園の遠足というと，檻の前を次々に通り過ぎるだけになりやすいものであるが，この園では比較的小規模の"こども動物園"を選び，「動物園ではどんな仕事があるか」をテーマに計画を立てた。外から見るだけなら家庭で連れて行くのと同じだから，もっと子どもの動物理解を助けるものにしたい，という考えである。動物園では，はじめ幼児に説明できるかどうか心配されたが，園でそろえている動物園の絵本などを持参し，日頃の子どもの関心などを話して，動物園の協力を得たと言う。保育者たちはこの時期，30名あまりの5歳児が，クラスとしてよくまとまった行動ができるし，話も聞けるという自信があった。実際，子どもたちは熱心に話を聞き，積み上げた餌の山にしんから驚くなど，充実した見学となった。

　子どもたちは，自分たちが見たり，教えてもらったことを，ほかのクラスにも伝えたいと思った。その内容を表したのがこの動物園ごっこである。5歳児の終わりに近づくころ，子どもたちはこれほどの成長を見せると言うことができよう。

5歳児の動物園ごっこ

III　集団の発達と保育者の役割

1．集団の発達

　5歳児は，子どもどうしの結びつきがクラス全体に行きわたり，クラスとしてまとまる時期である。クラス意識は，全体としてグループの交流やリーダー交代が円滑に繰り返されている間に形成される。事例1，2をみると，この子どもたちが保育者に依存しながらも，それぞれ自信を持って行動していることが感じられる。4歳児期からしだいにこの自信がつくられるので，子どもたちは相手を尊重し，相手を受け入れられるようになっていく。自信がなければ，相手を受け入れることはできないのである。

　子どもたちが共通の話題や経験を持つと，グループのつながりは急速に広がる。事例3では「日本にきた豪華客船」のニュースがこの役目を果たしている。長距離列車，大型客船，宇宙船などの大型乗り物は，一つの小型社会としての性質を持っているので，子どもたちのいろいろな活動を乗せることができた。そこで子どもたちは自分たちのルールを作り出し，ひとまとまりの活動にしたのである。

　クラスがまとまれば，自分のクラスを意識すると同時に，他のクラスにもクラスとしての関心が高まって行く。年少児の世話をしたり，クラスに招待しようとするのはこの表れである。クラスだけでなく，5歳児期後半には園長先生の名前や保育者全員の名前，用務そのほかの人々の名前を覚える子どもも少なくない。こうして子どもたちは園に親しみ，その中で成長しながらより多くの人々を知り，環境理解を広げていくのである。

2．保育者の役割

　5歳児期は子どもの興味の方向がかなりはっきりしてくるので，知識が増える一方ではグループが固定しやすい傾向も起こる。特に保育者が「何々がうま

い子ども」と認めて課題や仕事を与えると，子ども全体にその見方が固定されてしまうことがあるから十分注意しなければならない。グループの行動を固定しないためには，それぞれの活動が一区切りついたようなとき，事例3のような総合性の高い活動の場を作り出すと有効である。乗り物に限らず，遊園地・デパートなど社会的な場を写すごっこは総合活動を引き起こす可能性が高い。さらに事例4は，保育者の積極的な計画として園外保育を行い，子どもの共通体験として充実した活動を引き出した優れた例である。事例4の園外保育は，動物園に限らず，地域の特色を生かした施設などについて，保育者が工夫することが望ましい。

　子どもの興味が集中すると，その部門についてかなりよく知っている大人でないかぎり，子どもの質問すべてに答えたり，教えたりできないのは当然である。質問に答えられないときは「先生も知らない」と率直に言って，子どもと一緒にしらべるとよい。知らないことは，はっきり「知らない」と言うのはそれ自体大切な道徳的指導であり，知らないことがあればすぐしらべるのは，学習態度の指導である。ただ「それは何々」と教えるより，はるかに大きな教育をしていると言っても過言ではない。このためには，予想される分野の本，関係ありそうな本などを少しずつそろえておきたいものである。幼児向けだけに限らず，小・中学校向きのやや程度の高いものも用意しておくと，子どもは満足する。もしわからない部分があっても，わからないことそのものが，もっと知ろうとする意欲を引き出すのである。また子どもだけでなく，保育者の参考書としても手ごろで，意外に役に立つものである。

　5歳児期の終わりごろには，しだいに保育者の話を聞く機会を多くし，時間を少しずつ長くするように心がける。特に子どもに言う必要はないが，学校という新しい社会にしだいに移る準備である。園に親しみ，集団生活の楽しさを経験できれば，子どもは小学校の生活にも期待をもって向かうであろう。

第3部

環境をつくる

第2部では，子どもの発達を中心に，園生活における環境とのかかわりと，これを助ける保育者の役割りについて，事例を追って述べてきた。第3部では視点を変えて，保育者が積極的につくり出していく環境と子どものかかわりについて述べる。

　幼児の発達特性は，環境とのかかわりの中で自ら学びとっていくことにあるから，保育者が環境をつくり出すことは最も積極的な教育活動である。しかし第1部で述べたように，環境には広い内容が含まれているので，これを具体的な日常の保育活動の内容と結びつけるには，なおへだたりがあることは事実であろう。

　そこで第3部では，子どもが環境とのかかわりの中で身につけるものを，
　1．物を扱う（生物を除く）
　2．生物を知る
　3．大きな自然を感じる
の3項目に分けて，それぞれが子どものどのような「心情・意欲・態度」を育てるかを目標として示した。またこの3項目の代表的な活動を，発達に沿った事例で示し，保育者の見方，対応のしかたを説明し，環境準備の資料をあげた。さらにこの3項目の目標を果たすための計画を巻末資料として説明を加え，保育計画・教育課程編成との関係について述べた。

　なお，幼稚園教育要領には，文字や数について「日常生活の中で無理なく興味・関心を育てる」ことがつけ加えられているが，数については日常生活とのかかわりが大きいので，幼児期に獲得される数量感覚の発達について基礎的な解説を加えてある。

　第3部の内容は幼児教育の基本と目標に一致するものなので，各園の実態に合わせて工夫されたいと考える。

第9章

物 を 扱 う

I 目　　標

1．思考力を養う

　子どもは，乳児のころから物に触れ，働きかけ，物の性質や状態の理解を進めている。製作活動や積み木，ごっこ遊びなども，すべて物の性質や状態を知り，それを応用して展開するといってよい。子どもが物(ここでは生物をのぞく)の性質や状態を把握するのは，まず試す，繰り返す活動で始まる。
　2歳児は，積み木などを積みながら，よく「こうやってね，こうやってね，それからね，あ，おっこっちゃった」などとつぶやいていることが多い。これは，一つ一つの行動が子どもの考えそのものを表していることを示す。
　こうして繰り返し同じことをやっているうちに，子どもはだんだんやり方がうまくなっていく。このとき大人は，うまくなった結果だけを評価しやすいが，結果よりも過程そのものが大切である。何度も試し，やってみることは，何度も考え直したことを示し，だんだん物の扱い方がうまくなることは，それだけ物の性質を理解していくことを示しているからである。
　砂を掘るときも，積み木を積むときも，やりとげるには一連の時間がかかり，その間，素材や道具を扱い続けなければならない。考える時も同じで，順を追って，一つ一つ時間をかけて考え続けている。つまり，子どもは物を扱う行動

2. 積極性を養う

どんな小さなことでも，うまくできたとき子どもの喜びは大きい。物を扱ってみようと試み，繰り返し試して成功すると，子どもはもっと高度な物，複雑な物に挑もうとする。

子どもが繰り返し試そうとしても，対象が生物であるときは，季節や成長の状態によって繰り返せないことが多い。ウサギでも昆虫でも生物には固有の生活があるから，餌を食べさせたいと思っても，その動物に食欲がなければ食べてくれない。したがって，子どもが積極的に意欲をもってどうなるか試すには，生物でない物体でなければならない。たとえば，コマをうまく回す，紙ヒコーキを飛ばすなどは，子どもが満足するまでやり直し，工夫することができる。「むずかしそうだ，でも試してみよう。うまくできるまで工夫してみよう」という意欲は，生涯を通して生活のあらゆる面に活かされるはずである。

II 物 と 行 動

1. 乳児期〜幼児期初期

乳児から幼児期初期，自立できるまでの子どもの生活は，ほとんどすべて身辺の物を扱い，その性質を知る練習過程と見ることができる。

乳児は積極的に自分で物に触れ，つかみ，口に入れる。物をめざして這い，立ち上がる。この間に子どもの身体や手先が発達を遂げ，しだいに物の取り扱いがうまくなる。同時にたくさんの失敗や大人の共感・制止などによって，持ってよいもの，いけないものを記憶する。スプーンやはしを持って自分で食べようとすること，衣類の着脱を覚えることも，すべて物を扱うことである。

言葉と結びついて，熱い・冷たい・硬い・柔かいなどの感覚を一般化し，危険なものを見分けるのも，物の性質を知ることである。また手洗いの習慣を身

につけ，積み木・水・砂などで遊ぶことは，固体や液体の性質・重さ・量感などを知ることになる。探索行動では最も積極的に，たくさんの物の性質や配列，物と物の関係を知ろうとしている。

　子どもが自立できるようになったとき，ふつう自立した結果だけが重んじられやすい。しかし自立が成り立つには，日常扱う物への理解が裏付けとなっているのである。したがって，この時期の子どもにとって，生活そのものが教材であるといえる。保育者はこの心構えをもって，「熱いから，気をつけて」「ここをそっと持ってごらん」など，できるかぎり物の性質に従った語りかけを多くするとよい。一方的な禁止や規則よりも，子どもは遙かによく理解し，確実な習慣を身につけるものである。

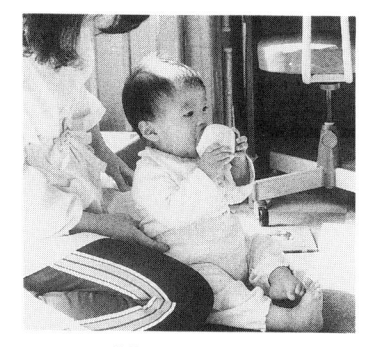

2．3歳児期

　集団生活に入ると，子どもは新しい道具や素材に出会う。砂場や大きな積み木，自分の持ち物を入れるカバンや道具箱も，すべて子どもにとって新しいものであることが多い。

　園に行くために新しいカバンを，買ってもらったときすぐに，「これに何々を入れて行くのですよ」と教えられても，それだけで子どもは満足しない。「入れて持つ」ことを確かめるために，自分のおもちゃや積み木を入れて肩にかけて歩きまわる。止め金をかけたりはずしたり，中の物を取りかえて出し入れをする。結果としては入園前に汚して叱られることも多いが，こうして子どもはカバンの扱い方，物を入れて運べるという用途や性質を体得する。ハサミを使えるようになるには，何か目的を持って切るより先に，何回もただ「切るために切ってみる」ことが必要だし，クレヨンを持っても，何かを描く前にただ紙の上をすべられせたり，ぐるぐるとぬってみるという段階を経なければならない。そしてその結果，自分が描いた線や形について「何々を描いた」という見立てを起こす。「お花を描くね」と目的をもって描きはじめるのは，このあとで起こるのである。

3歳児期の前半は,「何々をしよう」という目的よりも,まず,素材や道具を試すことを中心としなければならない。目的を与えると,子どもの試す行動は束縛され,素材や道具の性質を抽象しようとする活動をさまたげることになる。

> 〈事例1〉　3歳児4月
> 　ホールにある大型積み木は,4,5歳児がさかんに使うので,3歳児は手が出せない。そこで入園後夏休みまでは一部を3歳児の部屋に運び,手の届く高さに積んで置くことにしている。子どもたちははじめ一つずつ取って,押して動かす,上に乗る,飛び降りる,腰かけるなどに使い,次に机のように置いて絵を描く,紙を折る台として使った。
> 　1週間ほどたって,長い積み木にまたがっていたA夫が,「オートバイだ」と言い,三角の積み木を前において,「バー,バー,ババババ」とオートバイの音をまねた。

この活動は,保育者が大型積み木を3歳児室に持ち込んだことから始まっている。小型で軽い低年齢児用の積み木が用意されていればそれを使うのもよいが,手応えのある大きな物が子どもの活動を拡大することも考えておくことが望ましい。

子どもは積み木を使って何か作る前に,
① 持ち,押し,上に乗って試し,積み木の重さ,大きさ,高さなどを実感としてつかむ。
② 次に今まで自分の知っている道具と比較し,共通性を引き出して,椅子や机,台として使っている。
③ この間にオートバイに見立て,見立てを完成させようとして,初めて2種類の積み木を組み合わせることを考えついた。

積み木のオートバイ

①の過程を十分に体験すれば、大型積み木を危険なく操作する基礎となる。②は類似を認める行動の中で抽象力を養うもので、どの形を何に使えるかを確かめている。そして③では、目的にそって形を組み合わす使い方に到達した。

この段階が物を扱う基礎であって、「今日は乗り物を作りましょう。何の形を持っていらっしゃい」と目的を先にした指導では①②の力を養うことができない。もし保育者の目的だけを先行させると、事故の原因となることもあり、また子どもの自由な見立てを封じることになる。

〈事例2〉　3歳児7月

　7月、梅雨あけに全員で色水遊びを計画した。園庭に机を出し、いちごの箱、プリンカップ、乳飲料のビン、小さなひしゃく（フィルムの容器を切って、割りばしを通したもの）をたくさん出した。青、赤、黄の絵の具をといて色水を作り、水槽に入れておいた。

　保育者が用意している間、子どもたちはまわりに集まって何が始るか見ている。色水をひしゃくで汲み、プリンカップに入れてみせ、「みんなでやってごらん」といった。

　3歳児は水をすくって自分の容器にあけるだけでいっぱいで、大半はこぼしてしまう。

　A子は黄色い水を汲み、カップがいっぱいになると、

　「先生、いっぱいになっちゃった」

と大声をあげて喜ぶ。

　「あけて、またやってごらん」

というと繰り返して汲み、いっぱいになるとそのたびに喜んで報告する。黙々と汲んではあける子どもが多く、ほとんどの子どもが一色だけを汲んでいた。

　月齢の低いB子は、まちがって黄に青を汲み入れて、色が変わったのに驚いて、

　「こんな色になっちゃった」

と泣き声を立てた。隣にいたC夫が、

　「みどりだ、みどりだ」

> というと本当に泣き出してしまった。
> 　保育者は緑になったカップをC夫の前に移し，新しいカップをB子の前に置いた。B子は安心してまた同じ色を汲んだ。C夫は意図的に青と黄を混ぜ始め，色を違えて汲む子どもが増えてきた。子どもたちはほとんど1時間，汲んであけるだけの作業に熱中し，終わるとき保育者に，
> 　「またやらせて」
> と言った。

　この子どもたちは，3歳児期の初めからバケツで砂へ水を運んだり，砂場の道具を洗ったりしているが，小型の道具を使いこなすのはかなり難しいことがよくわかる。

　途中で保育者は，水を机の下のバケツに捨てることを指示しているが，あふれるほど汲んだカップの水をうまくバケツの上に持っていくことも，子どもにとっては十分にやりがいのある課題なのである。

　B子は色が変わると泣き出すほど驚いている。実際3歳児は，フィンガーペイントや絵を描くとき色が混ざって変色すると，大騒ぎすることが多い。

　この段階ではまだ「赤と黄をまぜてオレンジジュースを作りましょう」という課題を出すことはできない。しかし，B子の騒ぎは他の子どもに色を混ぜようとするきっかけを作り，次の日続けてこの活動をしたときは，他の子どもを見てB子もこわごわ色を混ぜ始めた。そして2日めには，ジュースの見立てが始まっている。集団の中で子どもが互いに働きかけ，発展させていくことを示す例である。

> 〈事例3〉　3歳児9月
> 　D子は夏休みが終わったあと，なかなか友達の中に入れない「戻り現象」を見せていた。保育者が運動会に使う小旗を赤いビニールテープでボードに止めているのをじっと見ているので，
> 　「Dちゃん，使ってみる？」
> と保育者が渡すと，少し恥ずかしそうに受け取り，すぐ製作コーナーに行って画用紙を1枚取ると，テープを引き出しては切って貼りつけ始めた。

> テープは引き出すと指につき，切ろうとするとハサミにつくのでなかなかうまくいかない。しかしD子は熱心に30分近く作業を続け，画用紙いっぱいに貼り終わるころはテープをぴったりつけて並べて貼れるようになっていた。

　この保育者は，D子が使いたそうなのを見てビニールテープを渡したが，よもや画用紙いっぱいに貼るとは思わなかったという。保育者はD子がテープをどんどん引き出すのを見て，もったいないということも教えなければならないと思い，何度か声をかけようとしたが，D子があまり熱心にやっているので，教えるのは別の機会を待つことにして見守った。貼り上げた画用紙をD子が見せに来たとき，保育者はD子がテープをまっすぐに，すき間なく貼りたいという目的を持っていたことを感じさせられたと言っている。粘着性の強いテープを思うように貼ることは，3歳児にとって十分に挑む価値のある作業だったのである。

　D子はテープの扱いに自信を持ち，友達が使うときに手伝ったり，保育者は何も言わなかったのに「やたら長く出すともったいないよ」と他の子どもに使い方を教えるようになった。

　この園では，ふつう製作材料や用具は，ほとんどすべて子どもが自由に使えるようになっている。D子がテープを貼り始めたとき，われもわれもと貼りたがる子どもが出なかったのは，子どもたちがやりたい時はいつも使えることがよくわかっていたからである。

3．4歳児期

　3歳児期に一通り素材や道具を扱いなれると，体験を重ねて自信をもった子どもから進んで新しい物に取り組もうとする。「こうすれば——こうなる」という単純な因果関係を理解すると，次に，「こうすれば——どうなるか」とためそうとするので工夫が生まれ，さらに友達どうしやりかたを見て工夫を交換する。したがって，この時期は工夫した結果がわかりやすい教材を数多く扱うとよい。

　しゃぼん玉，舟，風車，紙ヒコーキなどは比較的単純な操作で工夫の結果がわかるので，この時期に適している。クリップやホチキス，輪ゴム，接着テー

プは工夫を助ける材料となるので，いつでも自由に使えるようにする。これらの細かい道具や素材は，キャスターつきのワゴンなどに整理して用意しておくと扱いやすい。紙や空き箱，糸，ひも，棒など多種類の素材を用意する。

〈事例4〉　4歳児6月
　雨の日の遊びとして磁石を扱う。人数分のU字型磁石を取り出すと，
　「磁石だ。ぼく持ってる」
　「これ，吸いつくんだよ。あのね，ハサミにつくよ」
と口々に言い，騒然となった。
　「グループで1人，代表で取りにきて下さい」
と言うと，一生懸命人数を数えて取りにくる。グループは5人である。
　「4個下さい」
　「お休みはだれ？」と聞くと，「Eちゃん」という。
　「あのね，お休みはFちゃん」
と言って人数を言えない子どももいる。
　1人1個ずつ磁石が渡る間に，バーをはずしたりつけたりして，
　「つく，つく」
と騒ぎ出す。道具箱からハサミを出して，
　「ほんとにつく」
と言っている子どももいる。となりの子どもの磁石につけてみて，
　「磁石に磁石がついた！」
と持ち上げると，方々でまねが始まった。バーを2つの磁石の間に置いてつなげる子どももいる。室内はかなり騒がしくなった。
　20分ほど磁石そのものを扱ってから，部屋の中で磁石につく物を探して，持って来られるものは机の上に集めた。ホチキスの柄，ハサミ，道具箱の中のクギ，金づち，のこぎり，ままごとの包丁，空き缶，王冠など，多種類のものが机の上に集まった。名札をはずして安全ピンを磁石でぶら下げ，得意になって見せて歩く子どももいた。
　グループごとに机の上にある物を言わせた。子どもたちは活動をやめるのが残念そうだったが，これからは磁石を自由に使ってよいというと，歓

声をあげて喜び，グループごとに磁石を返しにきた。次に机の上の物をもとの場所に片づけて活動を終わった。

次の日は朝から大部分の子どもが磁石を手に持って歩きまわっていた。

保育者は，磁石から魚釣り遊びに発展させようとして，用意しておいた釣り竿に磁石を結びつけ，折り紙で折った魚にクリップをつけて釣って見せた。ひもを結べる子どもから釣り竿に磁石を結びつけ，うまく結びつけられない子どもは友達に結んでもらって，全員磁石の釣り竿ができた。

しかし，子どもたちは，魚を折るより先に，空き缶やハサミ，クリップなどを積み木で囲った釣り堀にばらまいて，大小の魚に見立てて，

「メダカ（小さいクギ）はいっぺんにたくさん釣れるよ」

「この魚大きいぞ！　あっ，逃げちゃった」

と言って，釣ってははずして遊んだ。

この例は，4歳児の旺盛な活動力をよく表している。まず磁石そのものをじっくりといじらせ，次に何でも机の上に集めるという自由さが子どもを活発にした。この前に保育者は空き缶やビンの王冠，クギ，ネジなどを集めて準備している。部屋中の道具やガラクタがひっくり返るが，これは時間を十分にとって，同じ物を分けて集め，もとの場所に納める片づけの練習も初めから予定に組み込まれているからである。

魚つりでは，保育者は魚を折ることを予定していたが，この予定は失敗に終わった。しかし，魚を色紙で折らなくても，子どもたちは空き缶やクギを十分魚に見立てているので，かえって想像力を拡大した成功例となっている。

活動がさかんになれば想像力は活動に従って引き起こされる。逆にはじめ魚を折らせ，次にクリップをつけ，次に磁石を渡して釣らせるという順序では，これだけの活動を引き出すことはできないのである。

磁石につく物を探すとき，保育室内にテレビ，カセットプレーヤー等の機器，カセットテープなどがあれば，磁石を近づけないよう注意し，前もって子どもと一緒に片づけておく。またU字型磁石をしまうときは，バーを必ずつけておくように話しておくことも大切である。

〈事例5〉　4歳児10月

　自由活動のとき，遊びが見つからないF夫とG男に紙ヒコーキの折り方を教えた。この2人は比較的おとなしい子どもだった。2人が紙ヒコーキを飛ばし始めると，H夫がジャングルジムから降りてきてヒコーキ作りに加わり，

　「1番機発射！」と叫んで飛ばせた。

　F夫G男もつられて，

　「2番機発射！」「3番機発射！」

と言って飛ばせた。保育者も，

　「4番機発射！」と言って加わった。

　次の日，保育者は，包み紙，広告の紙など多種類の紙を用意して，ホチキスやクリップと一緒に机の上においた。F夫は保育者が教えたのと違う折り方のヒコーキを，家で作って持ってきた。

　紙ヒコーキはクラスの人気を呼び，グループは7，8人になって，それぞれ作り方，飛ばせ方を工夫した。F夫は最初からやっていたために，はじめてグループのリーダー格になった。

　3日めに，病気でしばらく休んでいたK夫が登園し，すぐ紙ヒコーキの仲間に入った。いくつか折っているうちに，クルクル回りながら飛ぶヒコーキができた。F夫は，

　「あ，ドリル飛行機！」

と叫んでK夫に貸してもらい，自分でも飛ばせてみた。K夫はドリルヒコーキをいくつも作って友達に貸した。

　クラス全体に紙ヒコーキの興味が高まったので，保育者は，明日みんなで紙ヒコーキを作ろうと約束し，紙ヒコーキのグループがそれぞれ手分けして，作ったことのない子どもに教えることにした。

　この日，日ごろおとなしいF夫と，長い間休園していたK夫は，母親に，

　「ぼく，あしたみんなにヒコーキの折り方を教えるんだ」

と興奮して話したという。

この例は，自由活動から全員の活動へと展開させたもので，前例の全員活動で使った磁石を「自由に使ってよい」とするのと逆の方法である。どの方法でもよいが，子どもが互いに話し合い，教え合う集団交流がまだできないうちは事例4の方法で共通の興味を起こさせるとグループ交流を助けるし，すでに交流ができていれば事例5の方法をとる。

4歳児は，深く理由を考えるよりも，繰り返し数多くの物に触れる時期である。磁石や紙ヒコーキ，虫めがね，コマ，糸でんわなどは，いつでもできる活動として用意し，時に応じて導入するとよい。また紙ヒコーキやコマは導入すれば必ず子どもの興味を起こす活動なので，事例5の保育者は巧みにいつもあまり目立たない子どもを中心としたグループをつくり，全体に活動を広げて自信を持たせたのである。

このほか，製作や再現活動の中には，いつも物や道具の取り扱いが含まれていることを忘れてはならない。

4. 5歳児期

この時期は知識や体験をまとめ，全体の関係や順序を考えられる機会をしだいに多くつくっていく。たとえば，空き箱を使って製作で乗り物作りをするときも，数日前から予告し，どんな乗り物を作りたいか考えておくようにする。予告があればその間に，乗り物の観察を深めることができる。このときイメージがつかめない子どもは，絵本や乗り物図鑑を見て確かめるとよい。次に材料の空き箱を見せて，どんな箱がいくつ要るか予想を立てる。作業にかかる前に接着テープ，のり，絵の具などの補助材料についても，何がいるか考えて選ばせておく。

もちろん子どもは活動しているうちにイメージが展開し，初めの予想と違ってくることがあり，それは十分伸ばさなければならない。しかし，前もって予想を立てれば全体の見通しがつき，たとえ変更しても今までの体験を取り入れる余地が残る。

予想を立てるとは物事の順序を考えることなので，論理性を養う。これを繰り返せば計画を立てる習慣を身につけることができる。部屋を片づけるときも，みんなで室内を見渡し，「何はどこへ，どの班が片づける」と全体の仕事と受け

持ちをきめてからかかるようにする。また部屋に字の大きいカレンダー，時計を必ずかけて，「夏休みまであと何日」「11時になったら，集まりのチャイムをならします」など，曜日，時間を見て予定を話す習慣をつけるとよい。

〈事例6〉 水遊びのおもちゃを作る

7月，水遊びの季節に入るので，水で遊ぶおもちゃ作りを計画し，話し合いをした。

「どんなおもちゃがありますか」

「潜水艦！」「タンカー」「ヨット」「フェリボート」

と，まず船の名が次々と出る。

「それは船ね。船を作りたい人！」

ほとんど大部分の子どもの手が上がったが，A子が，

「わたし水車を作る」

と言うと，水車に同調する子どももでてきた。潜水艦を作る者が2名あり，そのほかは水車と船に別れた。

「何を使って作りますか」

「バターの箱，バターの箱はぬれないよ」

「画用紙でも，クレパスをぬればぬれないよ」

「ビニールテープを巻けばいい」

「牛乳パックがいい」

「板で作るよ」

「いちごの箱はだめかな」

と意見が続出したので，船作りと水車作りのグループに分けて，水にぬれても丈夫なものとして材料を選ばせた。

噴水の2人は，作り方を本で見たというので，本を持ってこさせ，保育者が一緒に見て材料を探した。水を導くビニール管は，水槽の水をかえるサイフォン用のを使うことにした。

「口を細くするのは，どうしたらいい？」

と言うと，

「割ばしをつめる」「ゴムでしばる」

と言い，いろいろ試すことにした。

　船作りのグループが出来具合を試すためにテラスにビニールプールを出した。水車グループは水道栓の数が少ないので試すのに困ったあげく，1リットルの牛乳パックに穴をあけ，ストローをさして水の出るタンクを各自作って，テラスの縁に並べて使った。保育者がホースでタンクの水を始終補った。

　穴をあけてストローをさすのがまた工夫がいるので，大騒ぎになるうちに，船を作ったグループも加った。

　噴水はいろいろ苦労したあげく，ビニール布の小片を管の先にかぶせて輪ゴムで止め，針で穴をあけた。それを見て，水道用の太いホースにビニール袋をかぶせ，穴を何か所もあけてシャワーのように水を出す子どもが出た。

　3日間活動をつづけ，まとめに入った。

　◇どんなものが水にじょうぶか

　◇どんなものが浮くか，沈むか

この2つは，これまでの水遊びの経験で，どの子もよく答えられる。透明なイチゴの箱やプリンカップは入れ方によって沈み，フィルムケースはふたをすると浮くなど，使い方を説明することもできた。フィルムケースをビニールテープでつないだイカダは，どんどん大きくしていろいろな物をのせ，人気を呼んだ。B夫が，

「うんとたくさん集めてつないだら，乗れるイカダができないかなぁ」

と言った。

　◇ほんとうの船は何で動くか。

　　・風——ヨット

　　・こぐ——ボート

　　・モータでスクリューを回す——モータボート，大きい船

と次々と子どもたちが答えた。

「サーフィンは波の力だよ」

と言う子どももいた。力という言葉が出たので，

　◇水車は何の力で回るか，と保育者が聞くと，

> 「水だよ，アッタリマエだよ」
> 「うんと水をかけるとよく回る」
> 「ホースでかけたら，水車がこわれちゃった」
> と次々に発言が続いた。
> 「水には力があるね」
> と保育者が言うと，噴水を作った子どもが，一人言のように，
> 「だから噴水は高く上がるんだ」
> と言った。

　この活動が3日間続いたのは，子どもが自分の作品を試しながら繰り返し作り直しているためで，試すことそのものがねらいであり，水遊びになっている。この保育者はよくクラスをまとめ，話し合いを起こすことができる力量があるので，これだけのまとめができたといえよう。ここまで話し合いの基礎が子どもにできていない時は，活動を十分に続けながら，子どもたちの声に耳を傾けて「そうね」と応じ，もし違っているときはもっと試すように材料を渡す(考えを助ける)だけでもよいのである。

　このためにも，材料は日頃から豊富に用意しておかなければならない。もし「舟を作るから，家から材料を持っていらっしゃい」という形をとると，家庭によって適当な材料がない場合もあるから，材料が制限となって子どもは十分に繰り返し試すことができなくなる。教育の目標はこぎれいな舟を作り上げることではなく，もっと工夫しようとする意欲や態度を育てることであり，それによって養われる思考力なのである。

　また，第8章の事例3，豪華客船の場合でも見られたように，図鑑や写真集，説明絵本の果たす役割も大きい。「乗れるイカダを作れないかな」と言ったのは子どもの夢であるが，イカダ流しやイカダ乗り，舟の始まりとしてのイカダなどの絵のある本を見せることができれば，いっそう夢を広げることができよう。知ることは，考えることにも，夢を持つことにも共通の土壌となるものなのである。

III 資　　料

　今まで述べてきたように,物を扱う題材は日常生活のすべての面に含まれる。特に乳児・幼児期初期では，生活全部がこの教材と言ってよい。年齢が進むにつれて物を扱う範囲は拡がり，特にいろいろな素材や道具を使う製作活動とは結びつきが深い。

　この中で比較的子どもでも作りやすく，年齢に応じて工夫できるものをあげる。季節に関係なく扱えるものが多いので，自由活動の中や予定変更のとき随時応用できるし，何度繰り返してもよい活動である。

1．シャボン玉（3〜5歳児むき）

　シャボン玉は，まずその美しさと楽しさを味わうことから始める。特に低年齢児，入園時にはここに重点をおくとよい。この段階では，浴用または洗濯用の固型石けんで作った液を使うと，大きい玉がゆっくりできて色の変化やまわりの景色が映る様子をよく見ることができる。

　およその標準として，ぬるま湯100 ccに対し固型石けんを削ったものを約1.5 g加えてよくとけるのを待って使う。

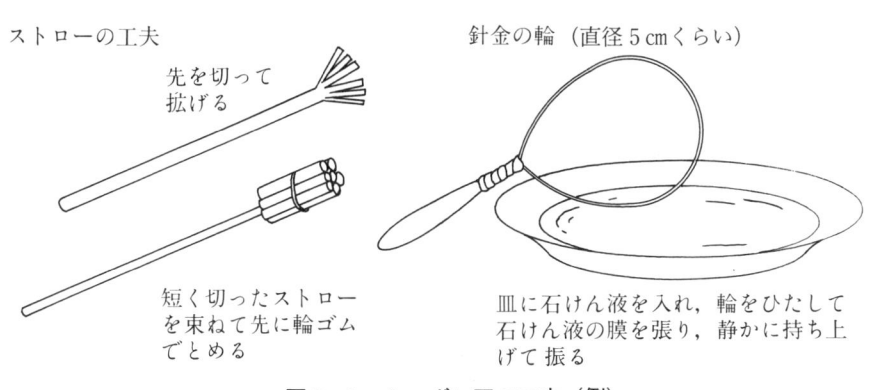

ストローの工夫
先を切って拡げる
短く切ったストローを束ねて先に輪ゴムでとめる

針金の輪（直径5 cmくらい）
皿に石けん液を入れ，輪をひたして石けん液の膜を張り，静かに持ち上げて振る

図9-1　シャボン玉の工夫（例）

シャボン玉の液は，はじめは保育者が，子どもの前で作ってみせる。やり方をよく見ていれば子どもたちでもできるが，ぬれて石けんが滑りやすいこともあるので，低年齢のうちは保育者が石けんを削る方がよい。吹くときは，石けん液を吸い込まないように，ストローに口をつけたまま液に入れないように注意する。しかし石けんならば少々口に入っても，すぐゆすげば心配することはない。液のつけ方，息の吹き込み方で大きさや飛び方が違うから，ストローだけでも十分工夫することができる。

4歳児ごろから，自分たちで石けんを削ってぬるま湯にとかし，石けん液を作ることができる。ふつうのストローのほかに，太い筆の軸，不用になったボールペンの筒，太さの違うビニールチューブなどを集めておくと，子どもたちは吹き方を工夫する。シャボン玉遊びには参考書も多いので，園に一冊用意しておくと参考になる。シャボン玉遊びが始まると，家庭で台所用・洗濯用の中性洗剤，シャンプー類を使う恐れが起こるので，家庭通信などを通して毒性があることを知らせ，使わないように注意しておくとよい。石けんは地中で分解されるが，中性洗剤は分解されないので，残った液を地面にこぼすと，環境汚染につながることを，保育者はよく心得ておく必要がある。

2．風　　車（4～5歳児むき）

2枚羽根の風車は3歳児でも作れるが，全員で工夫するのは4歳児からがよい。軸は発泡スチロールの棒があればよいが，割ばしでもよい。

裁縫用の玉ピンを使うときは，接着テープで一方に止めてからもう1本と合わせてさらに巻くとよい。日本の伝統的な風車は，色紙を2色合わせて作ると美しい。

3．紙ヒコーキ（4～5歳児むき）

代表的な折り方をいくつかあげる（86ページ）。翼の幅や折り方，おもりのつけ方で飛び方の違いがすぐわかるので，繰り返し試すには最もよい教材の1つである。一人一人折っては飛ばして工夫することに重点をおく。はじめから「ヒコーキ大会」などを設定して，競争しようとすると，子どもによっては工夫する余裕がなくなることがあるから注意しなければならない。

第9章 物を扱う　85

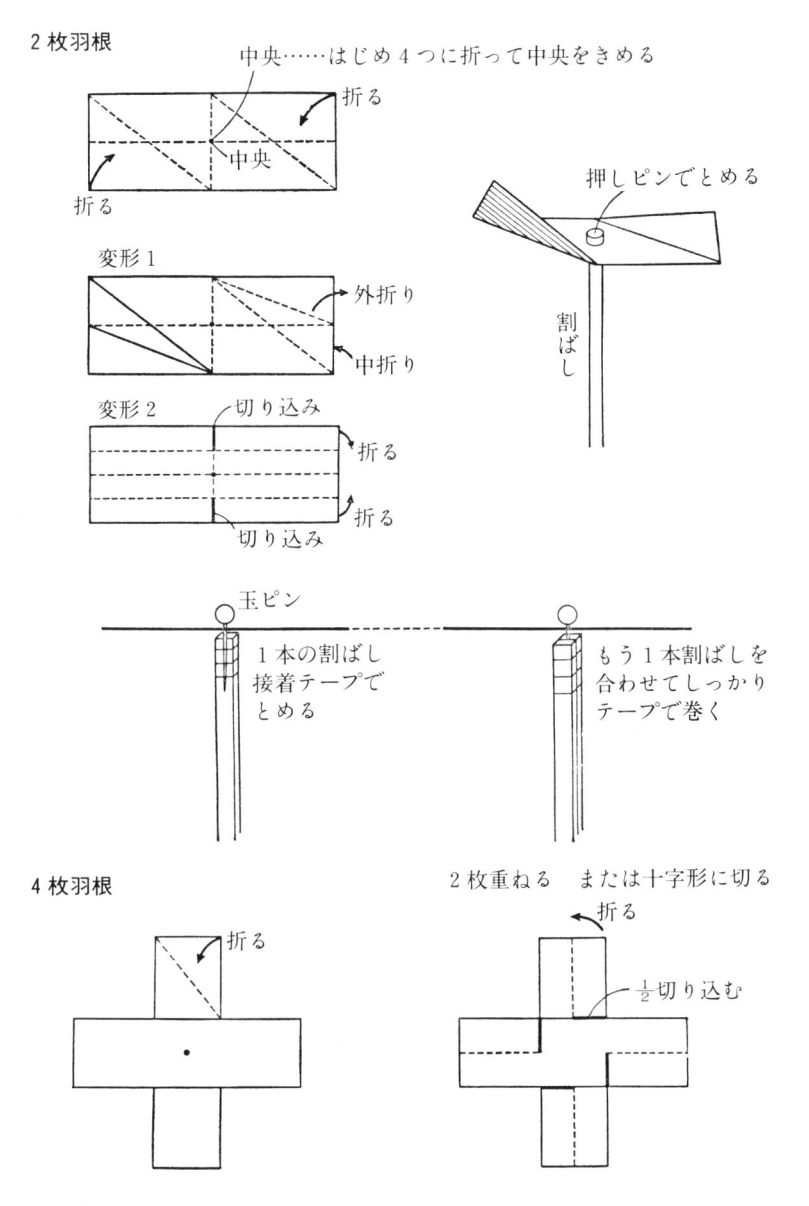

2枚羽根

中央……はじめ4つに折って中央をきめる

折る
折る
中央

変形1

外折り
中折り

変形2

切り込み
折る
折る
切り込み

押しピンでとめる

割ばし

玉ピン

1本の割ばし
接着テープで
とめる

もう1本割ばしを
合わせてしっかり
テープで巻く

4枚羽根

折る

2枚重ねる　または十字形に切る
折る
$\frac{1}{2}$切り込む

図9-2　風車の作り方（例）

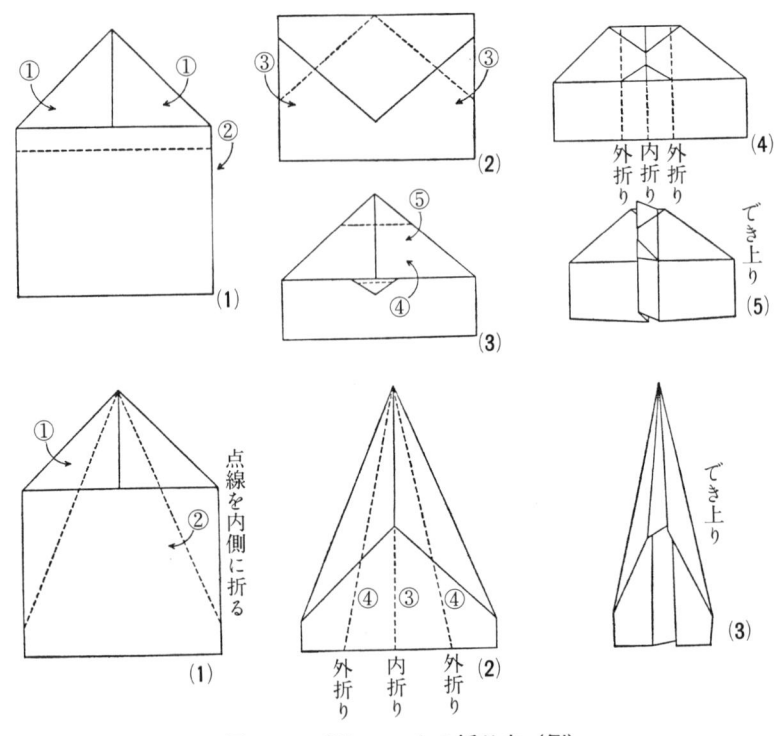

図9-3　紙ヒコーキの折り方（例）

4．虫めがね（4〜5歳児むき）

　部屋に常備し，随時使わせることが望ましい。子ども用のほかに大型のものを置く。1つの箱に重ねて入れるとレンズを傷つけるから，厚めの発泡スチロール板に溝をつけて箱の底に入れ，1つずつはめ込んでしまうと，数をしらべるにもよい。冬，日なたで新聞の大きい文字などに焦点を合わせて焼く。このとき活字が大きく見えるのを知ることが多い。

　この後，5歳児に入ってから，庭の草花にアリマキなどがついたときなどに見せると，焦点を合わせるのになれているのですぐに見ることができる。はじめから虫めがねは生物観察に使うものときめてかかると，目に近づけすぎ，レンズの性能を十分に使うことができない。

虫めがね（凸レンズ）で遠くの景色を見ると，逆さに映って見える。それをもう1つの凸レンズで拡大するのが望遠鏡の原理である。目の近くでは逆さに見えない。レンズを近づけたり，離したりして見ると，どこから逆さになるかわかる。

レンズを通して太陽をのぞいてはならない。ちょっと見てしまった程度ならば，まぶしいので，子どもは当然目をつぶるから大したことはないが，もし焦点が合えば失明するから，始めからよく注意しておく。また焦点を合わせて焼くとき，木の床の上だと紙を通して焼けこげを作ることがある。決して洋服の上で試したりしないように注意する。

5. コ　マ

コマは回転体として最も全体をとらえやすく，どんな子どもでも扱うことができる，発展性の高いおもちゃである。正月の遊びとして取り入れる園が多いが，いつでも自由に取り出して遊ぶおもちゃとして常備しておくとよい。また，コマは地方によって郷土色豊かないろいろの種類があるので，折にふれて集めておき，正月前後子どもの関心が高まったとき見せると，活動に導入する機会とすることができる。

コマは，何よりもその回転の状態をよく見ることが大切である。手回しの小さいコマは3歳児でも回せるし，ひもを巻きつけて投げる本格的なコマは，4歳児でも正月ごろには回すことができる。

◇いろいろの材料を使って，コマを作ることができる。軸はマッチ棒を使うとよい。中心を決めるには，同じ大きさの画用紙を切って4つ折りにし，開いて折り目の位置に穴をあける。変形として三角ゴマ四角ゴマを作ることもできる。

◇平らな包みひもを少ししめらせてマッチ棒に巻きつけると，よく回るコマができる。

◇どんぐりゴマは，木から落ちたばかりの実ならば底が柔らかいので作りやすい。正月過ぎまで取っておくと，固くなって穴をあけるとき危いことがあるから，水に一晩ひたして，やわらかくしておくとよい。

◇紙で作ったコマに色をぬると，回すとき色の変化を楽しむことができる。

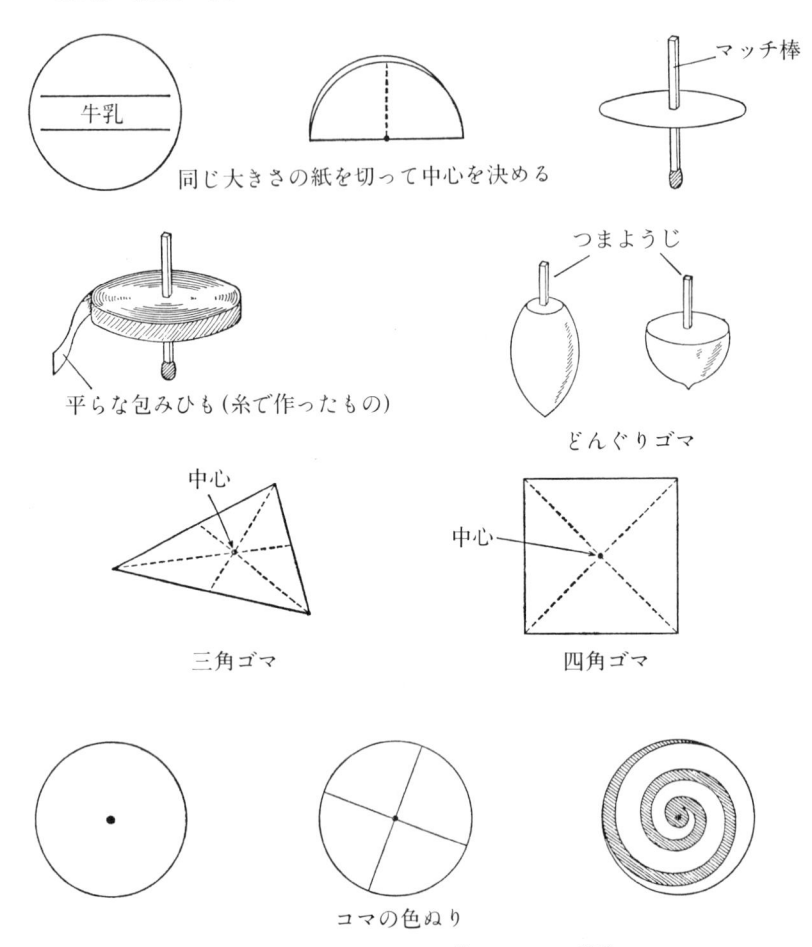

図9-4　かんたんに作れるコマ（例）

なぜ変わるかよりも変化そのものを楽しむとよい。

6. 光・かげ・鏡

　光を中心とした活動は，夏よりも冬のものである。夏は強い日光をさけて日かげで遊ぶが，冬は誰でも日なたを求める。また冬は太陽の位置が低く，光が室内の奥までさし込むので室内でも扱いやすく，物体の影も長く映るので，光と影を結びつけて感じとることができる。

しかし，冬雪に閉ざされる地方では太陽を題材にとることができないから，冬至を中心にして，晴天が続く秋か早春を予定するとよい。

◇室内に光がさし込むころ，バケツに水を汲んでテラスなどに置くと，反射した光が天井に映り，子どもはすぐ気がつく。プラスチックのたらい，金属のやかんなどもそれぞれの映り方をする。ここで鏡を出して見るとよい。鏡の反射光を映すのは天井や壁に囲まれた室内が適当で，屋外では発展が少ない。

◇屋外では園舎の壁に影絵を映すのもよい。昔からある指の組み合わせのほかに，大きいペープサートなどを使うこともできる。影で背比べをすることもできる。どれも少人数で工夫し合う題材で，全体として日なたを楽しみ，光と影を結びつけられればよい。

7．磁　　石

磁石は1人1個以上準備したい教材である。比較的小型のU字型磁石を人数分そろえ，大型のものや棒磁石をいくつか用意する。

止め鋲などに使うフェライト磁石も，2つ合わせて持つと磁石の力を手応えとして感じることができる。いく組か用意しておくとよい。

具体的な遊び方については，事例4（76ページ）を参考にする。

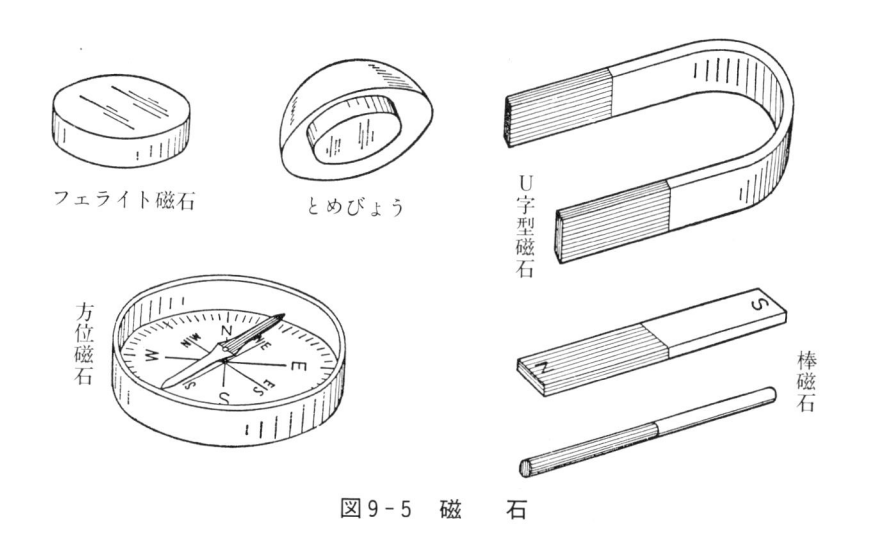

図9-5　磁　　石

第10章

生物を知る

I 目標

1. 感受性と観察力を養う

　日本は地球上でも四季の変化に富む温帯にあり，人間も含めて，生物の活動はすべて四季の変化に支配されている。したがって気象と生物の変化は，最もよく季節を感じさせる。また，花や鳥など人間に身近な生き物として昔から人々に親しまれ，文学や音楽，美術に幅広く扱われているから，日本の文化は，季節感なしには理解できないといわれるほどである。

　子どもの行動は社会の中で限られていて，自然を求めて旅に出るようなことはできない。道ばたの草やそこにいる小さな虫，風のそよぎなどにまず目をとめることから自然を感じ始めるのである。

　美しさを感じて心を動かせばもっとよく見ようとし，観察が深まればさらに美しさや親しみの感じを増す。この関係はたえず繰り返されて観察力を養うことになる。生物の構造や生活はきわめて多様で複雑なので，子どもが漠然とした美しさや親しみから興味をもち，観察を始めても，次々と新しい事実が開かれ，観察と親しみの関係は大人になっても尽きることなくつづく。たとえば，電動おもちゃのロボットの動きはしばらく遊んでいればあきてしまうが，1匹のミツバチの行動は，3歳の子どもから科学の先端に立つ科学者に至るまで，

観察の対象となるものなのである。

2. 客観性を養う

　子どもの身近にあるものの中で，砂や水などの素材，おもちゃや道具類は子どもの意志によって使うことができ，試し，試みる活動を繰り返すことができるが，生物を子どもの意志に従わせることはできない。かわいいからといって見知らぬ犬にさわろうとすれば吠えられ，どんなきれいな花でも時間がたてば必ず散る。特に飼育・栽培はその生物の本性に従って水をやり，すみかを考え，餌を与えなければならない。かわいがる，大切にするといっても，主観的態度や気まぐれでは成し遂げることができないからである。したがって生物は，子どもに客観性を養う教材ということができる。

　この2つの目標に従って，幼児期の子どもでも次のような生物の特質を感じとることができる。
① 生物にはいろいろの種類がある。同じ種類でも，一つ一つ違う。（多様性）
② 生物には生物に適した生活条件があって，それ以外の生活はできない。（生態）
③ 生物は親から生まれて育ち，また子孫をつくる。成長には時間がかかり，死んだものは元へ戻らない。（生命の一巡）

　言うまでもなく，この3点は，直接子どもに教えるためのものではない。環境準備の基礎として保育者の意識の中に置き，また，日常子どもが何に心を動かしているかを見るときの参考にするものである。

II　環境の準備と展開

1. 乳児期〜幼児期初期

　0歳児の部屋であっても，鉢や花びんの花を置く。子どもが実物を見る機会の多い花や動物の絵を用意して壁にかけ，時折取り替えるとよい。絵は赤ちゃ

ん風の漫画めいたものでなく，写実的なものとする。できれば複製・写真版でよいから，名画，専門家の作品をかける。雑誌の口絵，カレンダーの絵などに名画が使われていることが多いので，心がけていれば，それほど費用をかけずに入手できる。

いつもある花がないと，1歳児でもその位置を指して不思議そうな顔をするし，言葉が出るようになっていれば「お花，ないね」という。無いことに気がつくのは，いつもよく見ているからである。2歳前後には，絵と実物を結びつけ，実物を見て絵を指し，「あれ」「おんなじ」という。「お部屋の絵にある花ね，よく見つけたね」と応じると喜ぶ。

子どもの言葉はまだ不完全なので，保育者はよく動作や表情を観察してその背景を知らなければならない。これは花を媒介として子どもの共感の受け手となることである。そして共感を受けとめ，言語化し，さらに共感をもつ材料を用意するのが環境の準備である。

乳児を抱いて外へ出るとき，花や小動物の前でたたずんで一緒に見る。乳母車で散歩するときは，子どもが目を止めたものの所で車を止めるなど，できる限り子どもの興味にそって行動することが望ましい。

2．3歳児期

(1) 共感の媒介

3歳児期の初めは，生物は子どもと保育者，子どもと子どもが共感をもって結びつくための媒介物と見てよい。保育室の花，小鳥，金魚などの小動物，絵を飾るなど未満児と同じ配慮をする。特に新入園児，月齢の低い子ども，遅れのある子どもにはこの見方が必要である。たとえば，子どもが，摘んできた小さな花をだまって保育者にさし出すことがある。特に言葉の少ない子ども，なじみにくい子どもに多い。これは花を通して保育者に結びつきを求めているので，たとえしおれていても保育者は特に心をこめて受け取り，小さなビンにさしたり，胸や髪に飾ってみせるとよい。この年齢では，受け取ってもらえば安心して間もなく忘れるので，いつまでもとっておかなくてよいし，また他の子どもにわざわざ知らせる必要はない。

(2) 部分と全体

　このころの子どもは，花や虫を概括してみているので，花といえば赤いチューリップを描くことが多い。いろいろな生物を見せると同時に，同じ生物についていろいろな生活の姿を見せるように配慮する。

　〈事例1〉　3歳児4月
　クラス全員で園内を歩き，垣根ぎわのタンポポの花を摘んだり，綿毛を吹き飛ばして30分ほど遊んだ。室内に入ってお話を聞かせているとき，開け放った窓からタンポポの綿毛が1つ入ってきた。A子がみつけて，
　「先生，タンポポ」
と言い，2，3人追いかける子どもがいたが，なかなかつかまらない。やっと保育者が手のひらでつかまえると，A子は，
　「先生，お外に出して」
と真剣な表情で言った。保育者は綿毛を外に吹き飛ばし，子どもたちは全員窓から綿毛を見送った。

　子どもたちは，花を直接見て感動する段階から，綿毛という小さな種子を通して全体を想像し，クラス全体の共感としている。大きな成長といえる。観察はまだ断片的なので，連続した観察をさせようとせず，子どもの手に取れる材料を随時選び，手に取る，集める，飾るなどの活動を中心とし，事例のように部分から全体へ，全体から部分へと注意が向けばよい。また，枝ごとの果物，丸ごとの野菜をつとめて見せる。雨あがりの水たまりや，砂場の池に木の葉や笹舟を浮かべて見せる。木の葉の先を折り上げるなど，ほんの少し手を加えただけでも，舟として子どもの想像を拡げることができる。

(3) 飼育と栽培に参加する

　3歳児は，保育者や年長児を手伝って飼育や栽培に参加することはできるが，まだ生物の成長など長期間にわたる現象を把握することはできない。園にいろいろな生物があっても，一つ一つをそのまま受け取る時期である。したがって，一つのものを責任をもって育てさせるよりも，水や餌をやる手伝いをしたりして，できるだけ多くのものを見ることに重点をおく。畑やテラスのプランター

にコマツナなどをまいて育てておき，時々取って小鳥に与えることなどは，生物と生物の関係，言い換えれば環境の成り立ちを知る第一歩となる。

(4) 本を活用する

低年齢児の絵本は，お話や生活絵本がよく選ばれる傾向があるが，このほかアリやカタツムリ，雑草など，子どもの目にふれやすい季節の動植物をテーマにした観察絵本を置くと，絵本から実物へ，実物から絵本へと関心を高めることができる。子どもの中で何人かは必ず，このような本に強い興味を示す子どもがいるので，ぜひ用意したいものである。

3．4歳児期

(1) 生命のひとまわりを知る

この時期は，しだいに生物の変化に目を向けることができる。同じタンポポを見ても，つぼみ，花，綿毛，丸ぼうずの変化を時間経過の中でとらえることができる。逆に生物の変化を知らせれば，月，季節などの長い時間をしだいに感じさせることができる。このころから栽培や飼育を始めるとよい。

種まきは，アサガオ，ヒマワリ，インゲンなど夏まきの種子の大きいもので，成長したとき子どもの背丈を追い越すものを選ぶと，子どもたちが「大きくなった」という実感をもつことができる。秋までに実り，種子を手にとって，植物が種子から出発し，種子にもどったことを感じとれるものを選ぶようにする。ヒマワリやトウモロコシは，リス，飼いネズミ，ハトなど飼育動物の餌にすれば，生物と生物の関係を知り，興味と関心を高める。

チューリップは，丈夫で作りやすいので，花壇に秋植え込むとよい。4歳児で植えれば，5歳児の春，自分たちが植えた花を見て喜びを感じ，花が終わって夏が近づくころ掘り上げると，再び球根を手にして見ることによって，生命の一巡を知ることができる。球根を植えたときは，保育者が必ず1つでも2つでもヒヤシンスなどの水栽培をしておくと，地面の中の球根がどんな成長をしているか想像を拡げることができる。（資料110ページ参照）

また，秋にアブラナやコマツナをまいておくと，冬の間小鳥の餌となり，春はたくさんの花を咲かせるので，びんにさす，ままごとの材料とするなど，子どもが十分に手にとれる素材となる。また，ときどき花壇や畑の様子を見て，

植えたことを思い出す機会をつくる。

〈事例2〉　チューリップの球根を植える　4歳児10月
　球根を植える2日前に、4歳児に球根の観察絵本を読み聞かせた。そのあと一人一個ずつ花壇に植えることを話し、網袋に入れた球根を見せて植え方を説明した。球根と関係のある絵本を集めて保育室に出しておいたところ、翌日は大多数の子どもが時々その絵本を見ていた。絵本を片手に、
「昨日の球根見せて」
と言ってくる子どももあった。
　翌日、保育者がまず花壇の土に印をつけ、その位置に子どもが穴を掘った。保育者は一つずつ穴の深さを確かめて肥料を入れ、子どもは教えられたように球根を植えた。
　そのあと、保育者は子どもには見せないでヒヤシンスの球根を2つ水栽培のビンにセットし、北側の暗い戸棚の中に置いた。

　12月に入ると、水栽培のヒヤシンスは白い根をビンの中に過巻くほど長く伸ばしていた。芽はまだ伸びていない。朝、ほぼ全員が集った時、保育者が水栽培のヒヤシンスを出して見せると、子どもたちから一斉に嘆声が上がった。
「先生、それもチューリップの球根なの？」
「先生がビンに植えたの？」「いつ植えたの？」
保育者はヒヤシンスの球根であること、みんながチューリップを植えた時にビンに植えて、地面の中のように暗い戸棚の中に今までしまっておいたことを話した。一人の子どもが、
「先生、チューリップも地面の中でこんなになっているの」
と聞いた。
「たぶん、そうだと思うわ」
「掘ってみてもいい？」
「一つだけ、一つだけならいい？　そうっと掘るから」
子どもたちは保育者と一緒に花壇に行き、一番端の方の土を手で静かにど

けていった。まず球根が現れると、ますます静かに土を掘り出し、1，2本の根を見るとすぐ掘るのをやめた。
「あった！　ほんとうに根があったよ？」
子どもたちは口々に言って、かわるがわる根をのぞいて見ていた。そのうち
「先生，この球根，枯れない？　だいじょうぶ？」
と心配する子どもが出てきたので、掘った子どもは土をていねいにかけて球根を埋め、印に棒を立てた。
水栽培のヒヤシンスは、そのまま保育室の台に置いた。1月になると緑色の芽が伸び出し、子どもたちはヒヤシンスの成長を見ては花壇のチューリップの芽がいつ出るか期待するようになった。

　これは行い届いた準備で球根を扱った例である。球根は植えてしまうと見えなくなるので、どのように成長しているか想像することは難しい。これを補うのが水栽培である。水栽培は子どもがするよりも、保育者が準備しておいて、根が伸びてから見せる方が子どもの驚きが大きく、一挙に全員の関心を集める効果がある。この方法は多くの園で実践しているが、どこでも例外なく子どもは「掘ってみたい」と言う。水栽培で長く伸びた白い美しい根の全体を見ているので、どの園でも子どもはていねいに掘り、土の中の根をほんの少し見れば十分満足して土をかぶせている。
　水栽培の球根は土の中と似た条件(暗く、温度変化が少ない所)に置けばよく根を伸ばす。この間は水が減ったとき補う程度でよく、ほとんど世話をする必要はないのである。
　観察のために飼う動物は、アオムシ、オタマジャクシ、カイコなど比較的短期間に変化がわかるもの、カタツムリ、金魚など飼いやすいものを選ぶ。餌を確保し一貫して世話をするには、保育者が中心とならなければならない。

(2)　草花で遊ぶ

　草や木の実を使った遊びは古くから伝承されている。手に入れやすい所にたくさんあれば、クローバーの花環、ジュズダマつなぎ、笹舟、ムラサキカタバミやオオバコの花の相撲、花や葉の色水などを楽しむことができる。しかし、

遊ぶことだけを目標とせず、いつもその植物全体をよく見ることが大切である。

どんな場合でも、動物を遊びの対象とすることはさけなければならない。動物はその独自の生活を知る教材である。カブトムシに車をひかせて一緒に遊んだと思うことは、人間中心の考えにほかならないからである。

(3) 本を活用する

4歳児期はじめから、観察絵本や比較的図の大きい図鑑を保育室に十分用意する。観察を中心とした絵本にはたいへん優れたものが出されているから、カタツムリを飼うときはカタツムリの本を、イモ掘りに行く前にはイモに関係のある本を見せるとよい。このためには、園で購入する自然関係の月刊雑誌を、年度ごとに整理するよりも月ごとにまとめておくと便利である。お話の雑誌も必ず季節と関係があるので、応用できる。

4. 5歳児期

(1) 生命のひとまわりを知る

4歳児の秋、球根を植え、種まきをしていれば、5歳児春、チューリップの花や菜の花を見る子どもは、十分生物の成長や変化を感じとり、まいた時を思い出して秋から春までの時間経過を振り返ることができる。生物の一生を、生物の生活全体を通して知る時期といってよい。

4歳児の時まいた種をもう一度繰り返してまくことは、記憶をたどり、どうなるか予想をもって作業できる点で大きな意味がある。また、種から種への生命の一環を一通り把握していれば、キュウリ、ナスなど野菜の苗を買って植えるのもよい。キュウリやナス、トマト、ピーマンなどは順々に花が咲いて実るので、途中で見ても成長過程を知ることのできるよい材料である。

〈事例3〉　サツマイモの苗を植える　3〜5歳児

保育者は5歳児と一緒に畑を耕やし、十分期待をもたせる。植えるまえに黒板に図をかき、苗を見せながら植え方を説明する。5歳児と4歳児は2人1組となって、まず5歳児が教えられたとおりに植え、4歳児は見ている。保育者が見て、よく植えられていれば、次は4歳児が植え、5歳児が手伝う。そのあと、植え付けが終わった4歳児と5歳児が3歳児一人一

人に付いて，苗を植える。

　この例は，3歳，4歳，5歳児全員が，ただ1本ずつ「自分の苗」を植えるだけでなく，植える・手伝う・やってあげるという過程を繰り返したもので，よく考えられた，すぐれた方法である。子どもたちは，畑に出るたびにこの記憶が繰り返されるので，4歳児も次の年どうするかよく覚えている。
　サツマイモの畑ではつるが茂るにつれて，バッタやハサミムシ，クモその他の小動物が棲みつくので，この園では，子どもの虫探しの場となっている。また草とりをして，抜いた雑草の似たものを分けて集め，図鑑でしらべている。
　4歳児はその後イモができているか気にして，ときどきそっと土を掘って見ている。地域によってはジャガイモを植えるのもよい。(138ページ，活動を中心とした計画参照)

(2) 小動物を飼う

　5歳児でも，オタマジャクシやアオムシ，カブトムシを飼う。畑から見つけてきたバッタやカマキリは，虫かごに入れて観察してから1日か2日のうちにもとの場所にもどす。虫をつかまえるとき，子どもは取ることに熱中していて，その虫がどんな生活をしていたか十分に観察することができない。1日または数日でも手もとに置いて飼い，再びその虫を放すと，はじめて子どもはあの虫がどうしているか，どこへ帰っていったか想像し，どこでどう生活しているかに関心を持つことができる。つまり，虫をいったん子どもの世界に引き入れて親近感をもち，次にその虫をなかだちとして子どもの視野を生物の世界

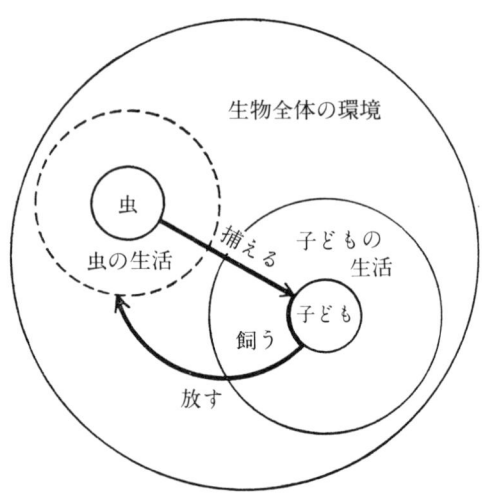

野生の小動物を捕えて飼い，また放すことは，自然の中へ子どもの視野を拡げる。

図10-1

へ広げるのである。

　死ぬまで何とか飼わせるよりも，生きているうちに戻し，虫が帰るありさまを見せる方が，虫を主体とした環境を考えるのに近づくには，はるかに大きな効果があるといえる。

　〈事例4〉
　5歳児が卵からかえったばかりのオタマジャクシをたくさん取ってきた。大きなガラス槽に汲み置きの水と水草を入れて，オタマジャクシを飼うことにした。水槽は，3，4歳児も観察できるように，全員が通る廊下の窓ぎわに置いた。
　家でも飼いたい子どもには，通信ノートで家庭の了解を得たうえで3匹ずつ持ち帰らせた。後足が出るころ，園のオタマジャクシは全部育っていたが，子どもが家で育てたものは約半数が死んでしまった。そこで，家へ持ち帰ったものだけなぜそんなに死んだのか全員で話し合った。
　「ひっくり返して，うまく拾えなかった」……5名
　「拾ってまた水に入れたけれど，すぐ死んだ」……5名
　「餌をやるのを忘れた」……3名
　「水をとりかえなかったら，水が白くなって死んだ」……2名
　「蚊とりの薬をまいたからだとお母さんがいった」……1名
　「よくわからないけど死んだ」……4名
　子どもどうしで，
　「どうしてひっくり返したの」
　「窓を閉めようとしたら，さわっちゃったんだよ」
　「どこにひっくり返したんだよ」
　「あのねえ，たたみの上。それで1匹どこへ行ったかみつからなかった」
と真剣に質問がやりとりされた。保育者がどんな容器に入れたか聞くと，ひっくり返した子どもはほとんどコップの中や牛乳ビンで飼ったことがわかった。そこで園の飼い方とどこが違っているかくらべさせ，その結果をまとめた。
　・コップや牛乳ビンではひっくり返しやすい。もっと大きい入れ物で飼

> う。
> ・藻を入れてやるとよい。
> ・小さい入れ物では日がカンカン当たると水温が上がって，死んでしまうこともある。
> ・餌を忘れてもだめ，やりすぎもだめ。
> ・水に薬や洗剤が入らないようにする。
>
> 2カ月ほどで園のオタマジャクシはみな小さなカエルになった。カエルになると生きた虫を食べなければ生きていけないことを話し，全員でもとの池に放しに行った。子どもたちは「サヨナラ……」「ガンバレ」「また見にくるよ」と口々に言い，草むらや水に入っていくカエルを見ていた。

　飼っていた生物が死んだとき，なぜうまくいかなかったか考えるのは大人でも難しいが，ここでは園の飼い方と比較することによって，子どもたちは自分の飼い方の欠点を発見している。さらにカエルをもとの池に放し，自分の飼い方→園の飼い方→自然状態の池，と子どもの視野を広げ，愛情をもってカエルに適した生活環境を考えるようにはからっている。

(3)　生物の生活を知る

　5歳児では，このようにできるだけ生物の生活を全体的にとらえるように注意を向ける。オタマジャクシや小さいカエル，捕えた虫をもとの池や茂みに放せば，そこに多様な生物がそれぞれの生活を営んでいることを感じとることができよう。

　このように生物の生活を知れば，花びんにさした花を見ても，ただ美しいと感じるだけでなく，種をまき，苗から育つ有様を想像することができるはずである。食物として食べる野菜や果物についても同じである。これは生物の本質的な理解の基礎であるばかりでなく，作物を育てる人々の働きを知ることにもなる。これは社会環境に関心を持つ基礎をつくるもので，勤労感謝の行事などは，このような背景があってはじめていかされる。

5. 食　　事

(1) 子どもと食事

　子どもにとって，食事は何よりも楽しいひとときでなければならない。食事では，偏食をしないで栄養をとる，行儀よく食べるなど，とかくしつけの面が強調されているが，これは大人の側からの見方である。園生活では健康な子どもがよく活動しておなかをすかせ，みんなで集まって食べる楽しさをもつことが，食事の第1の条件である。

　食事はまた，子どもにとって大きな教材の1つである。食器・はし・スプーンなどの道具を使い，固体・液体・粘るもの・さらさらしたものなど，さまざまな状態の食物を食べることは，物の性質と扱い方を知ることになる。また，食物の材料である動物や植物を知ることによって，生物の生活や種類を知る手がかりとなる。さらに農業・漁業や流通・店などの社会面にも視野を拡げることができる。また集団で食事をするときは，必ず配る・分けるという作業が入り，子ども一人一人について適当な量や個数があるので，食事やおやつは数量を扱う場となる。このように，食事は子どもにとって真に多面的な学習の場なのである。

　子どもが快の状態の中でよく学びとることは，すでにたびたび述べた。食事について，特にこのことは大切である。食事のしつけや，偏食の矯正も集団として大切なことは言うまでもないが，これもまた楽しさの中で行われてはじめて成功するものであることを忘れてはならない。

(2) 食事を中心とした活動の展開

　　＜食事中の会話＞

　乳児，幼児期初期から，食事のときの語りかけを多くする。

　　「さあ，たくさん食べましょう」「おや，もうおしまい？」

　　「もう1つ食べてごらん」「からっぽになったのね」

など，食事中に使う言葉は数量に関係する言葉が多く，この間に子どもは多少・大小・有無・数詞などの言葉を実感と結びつける。

　満3歳ごろからは，

　　「タマゴおいしかった？」

「おさかなが残ったのね」
「バナナは半分ずつですよ」など，食物の種類や名称などを多くし，数量の言葉を取り入れて語りかける。
　また，食事中，食後に子どもから話題を出すようにしむけて話に応じる。
「このトマトね，お母さんと買ってきたの」
「そう，いつ？」（時間）
「あのね，きのう」（きょう，きのう，あしたの関係）
「どこで買ってきたの？」
「やおやさん」……（店の種類）
　状況によって，「肉はどこで買うの？」と聞き返したり，おかしは，お米は，と次々と聞くのもよい。時折ニンジン，ジャガイモ，キャベツなどの野菜をまるごと見せる。給食がある園では，その日に使う調理前の野菜を大きな盆などにまるごと盛り合わせて見せ，どのような料理になって食事に出されるかを考えるのも子どもの楽しみを増す。
　このような工夫は，子どもに食物と材料，野菜と呼ばれる生物との関係を感じさせる。第1部で述べた「カレーライスの畑」を作った例はこれを発展させた優れた例である。

III 資　　料

1. 飼　　育

　物を扱う場合と同様に，生物を知るための環境もまず第1に子どもの生活の中で見つけていかなければならない。園庭の隅の小さな雑草や石のかげのアリの巣も大切な題材となるし，食事やおやつの食べ物，街の魚屋・八百屋の店先も観察の対象となる。また絵本・図鑑が果たす役割も大きい。生物環境というとすぐに飼育や栽培をしなければならないと考えたり，小鳥を飼い，植木鉢をおいているから自然環境はこれでよいと考えるのは，どちらも十分ではない。

栽培や飼育は，日常生活の中の教材を活かす基礎の上に立ってはじめて大きな効果をあげることができるのである。

(1) 家畜・飼い鳥

ヤギ・ウサギ・ニワトリ・アヒルなどの家畜を飼うことができれば，園内環境として望ましいことは言うまでもない。家畜の世話をするのは子どもの心に優しさを養うし，時として，閉鎖的な子どもが動物に親しんで心を開いていく例も多い。また近ごろ団地などでは，動物を飼うことを禁じている所もあるので，飼いたくても飼えない子どもも多いからである。

しかし，このような家畜類を飼うには，休日や長い夏休みなどでも確実に世話をできる者がいなくてはならない。交代で世話をする，父兄に預けるというのは人間の都合であって，家畜は特定の人に慣れ，同じように世話を受けなければ生活が不安定となり，時として狂暴になることもありうるのである。そのうえ始終子どもにのぞかれ，いじりまわされるとすれば，短命に終わるのが当然となる。

休暇中も責任をもつ者があり，園内に飼育場所，餌の補給などの見通しが立つならば，必ず経験者の話を聞き，参考書などもそろえ，できれば獣医などと連絡をもって飼うとよい。慎重に準備が整っていることは，生命尊重として大きな教育上の意義をもっていることを忘れてはならない。

「動物を驚かさない」「きまった餌のほかはやってはいけない」「いじりまわさない」などは，家畜を飼ううえで最も基本的な注意である。飼育の目標はその動物の立場に立てることにあるのだから，ウサギを保育室内に放して，子どもに追いまわさせるようなことをしてはならない。

(2) 金魚・小鳥など

メダカや金魚・ジュウシマツなどの小鳥は，水や餌などの条件が整っていれば比較的安定して飼いやすい小動物なので，休暇中の世話を考えに入れたうえで飼うとよい。飼い始めるときは，美しさより丈夫な種類を選ぶ。経験者の話を聞いたり，参考書を用意することは(1)項の動物と同様である。交代で世話をするだけでなく，教職員の中に必ず責任者をおくようにする。

(3) 野生の小動物

子どもが捕えてきた昆虫などを飼う意味については，すでに述べた（5歳児

期)。飼うか，もとのすみかに放すか決めるには，子どもと一緒に図鑑などをしらべて決める。夜行性や生食（生きた虫などを捕えて食う）などの記述があれば，園ではとても世話できないことを説明する。「あなたたちも，どこかに一人で閉じ込められて，食べ物がなかったら困るでしょう」と考えさせれば，たいていの子どもは納得するはずである。

参考書としては，観察絵本のほかに小学校中学年むき程度のものを用意し，保育者が読んでおく。しらべる方法，考え方がわかれば，子どもは「飼いたい」というまえに自分でしらべようとする。

このことを考えに置いたうえで，いくつかの小動物の飼い方をあげる。全員同じものを育てるよりも，グループ別に何種類か違う動植物を育てて，見せ合い，話し合う機会をつくるとよい。

① オタマジャクシ

卵からかえすときは，十分な酸素が必要なので，大きめの水槽に半分くらい水を入れて浮かせる。子どもが入れて持ってきた小さいビンの中に入れたままにしておくと，窒息して卵のまま死んでしまうから，必ず，すぐに広い容器に移さなければならない。

水は池の水や井戸水がよく，水道水ならば一晩くらい汲みおきにして使う。必ず水藻を入れる。水槽は直射日光が当たらない所におく。直射日光が当たると昼と夜の水温変化が激しくなって死ぬことがある。

やがて卵の丸い黒い部分がやや細長い形になり，3週間から4週間の間に泳ぎ出す。オタマジャクシが小さいうちは草食なので，餌はパンくずをごく細かくして与え，食べ残しがたまらないようにする。池からとった水草を入れれば，

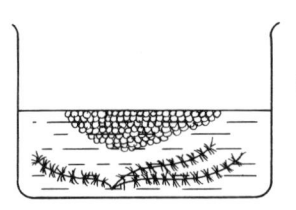

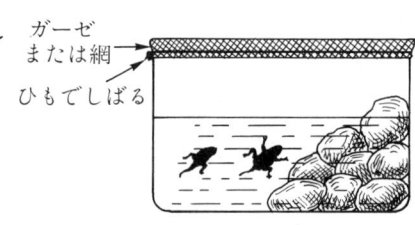

図 10-2　オタマジャクシの飼い方（例）

水草についている小さな生物を食べるので，はじめ1～2日は餌を与えない方がよい。水藻がないときは熱帯魚・金魚の店で買い，必ず多めに入れる。1週間ほどたったら，パン屑などのほかにゆでたホウレン草の葉，市販の金魚の餌を少しずつ与える。

やがて1カ月ほどで後足が出る。後足が出たあと頭部の形が変わってきて，よく見ると前足ができかかっているのがわかる。前足が出ると尾はしだいにからだの中に吸収され，カエルらしい形となる。前足が出てきたら水槽中に石をおいて，水から出て休む所を作り，外にはね出さないようにガーゼやサランの網（金物屋で売っている）をかぶせてゴムひもなどで止めておく。

オタマジャクシはカエルらしい形となるころに食性が変わって，生きた昆虫などを食べるようになり，このまま放っておくと共食いをはじめるから，それまでに場所や日程を考え，全員で放しに行くとよい。

② チョウチョウとアオムシ

アオムシも手軽に飼うことができ，しかも発展性の多い材料である。毛虫はガになるものが多く，有害な場合もあるのでさける方がよい。

カラタチやユズ・ナツミカンなどミカンの仲間，サンショウにつく緑色の大きいアオムシ，キャベツ・コマツナなどの野菜につくアオムシが適当である。ミカンやカラタチにつくのはアゲハチョウの仲間の幼虫，菜の仲間につくのはモンシロチョウの幼虫である。カラタチの垣根やキャベツ畑を探せばたいてい2つや3つは手に入るが，庭の隅にコマツナでも少しまいておけば，モンシロ

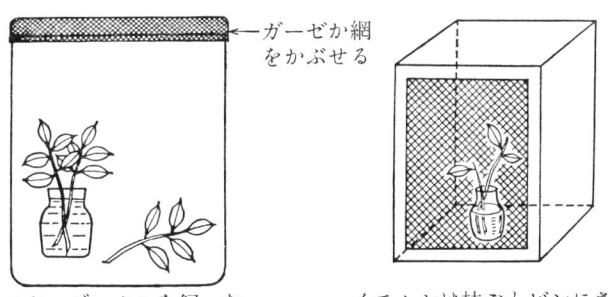

図 10-3　アオムシを飼う

チョウが飛んできて卵を産みつける。ガは卵を1か所にびっしりと産みつけるが，チョウは卵を1つずつ離ればなれに産んであるから，注意して葉裏をしらべればすぐわかる。

卵やイモムシを見つけたら，枝ごと，葉ごと取ってきて，枝が枯れないように水を入れた空き缶や小さい乳飲料のビンにさしておく。幼虫が小さいあいだは逃げ出すこともないのでそのままでもよいが，子どもがひっくり返したり，ぶつかったりすることもあるので，金網を張った木箱などに入れたほうがよい。

カエルを離した後の水槽をあけて使うこともできる。枝をさしたビンごとそのような入れ物に入れ，あとは新しい枝や葉をおぎなう。アオムシが1 cm以上になったら，新しい枝を直接底におき，ビンを出す方がよい。イモムシは大きくなると葉を相当大量に食べるから，新鮮な葉を絶やさないように，餌の補給に気をつける。

キャベツやコマツナを食べるアオムシは餌の補給が楽だが，アゲハチョウの幼虫を飼うときは，つづけて餌を十分に与えられるかどうかをよく考えて，飼う数を少なくすることが大切である。やがてイモムシはサナギになるが，チョウチョウになるときはたいてい明け方なので，サナギになったら箱の中に入れておいて毎朝しらべてみる。

園に来てみたら，サナギが入れてあった箱の中に大きなきれいなアゲハチョウがいた，というような喜びは，子どもにとってはかり知れないものとなる。チョウはその日の朝のうちに放す。

③ カタツムリ

入れ物は，深めの透明な水槽に3分の1ほど湿った黒土を入れる。土ははじめ平たい箱などに入れて半日ほどよく直射日光にあて，他の虫などを追い出したものを使う。端の方に小さい草など植えてもよい。大きいカタツムリは案外力が強く，少々のフタは押しあけてしまうから容器にガーゼか網をかぶせて，しっかりしばる。

餌はキャベツの葉，キュウリ，ニンジン，サツマイモ，ジャガイモの薄切りや，干しうどんなど，びっくりするくらいよく食べる。カタツムリによって食べ物の好みもあるらしい。しかし，食べ物が腐りやすい季節なので，前の日の食べ残しは必ず捨てる。土が乾かぬよう時々霧をふいてやるとよいが，またあ

まりぬれすぎてもいけない。

　交尾のすんだ大きいカタツムリを飼っていると，土の中に直径 3 mm くらいの卵を産むことがある。気をつけていると，野菜畑や花壇の茂みの土の中で見つけることもできる。マーケットで食品を入れるスチロールの皿などにしめったティッシュペーパーをひき，ラップでフタをしておくと，2 週間くらいで小さいカタツムリが細い首を伸ばして這いだしてくる。卵からかえったばかりのものは，注意深く毎日餌をやらなければならない。全部育てあげることは難しいので，しばらく飼ってから放す方がよい。

　カタツムリは餌をやり忘れても，1 週間や 10 日はじっと壁にはりついて休眠し，また水や餌を与えると元気に出てくるから，忙しい教師が飼ってもかなり長く飼える。

　秋の終わりまで餌をやったら，あとは自然に乾かし，枯れ草などを入れておくと，その中で越冬し，うまくいけば翌年もつづけて飼うことができる。

　④　ザリガニ

　ザリガニを飼うときは，オタマジャクシより深めの水槽を用意し，水は少なめに入れる。ザリガニは田や池の上に穴を堀ってひそむので，植木鉢の欠けたものを入れるとその中に入り込み，ときどき外へ出てくる様子を見ることができる。

　ザリガニは雑食なので，動物性の餌として煮干しのかけらや熱帯魚店などで売っている金魚の餌などをやり，1 日 1 度ぐらい植物性の餌としてうすく切ったキュウリ，コマツナやほうれん草を一片ぐらい入れてやるとよい。

　食べ残しは，はしで取って捨てる。かくれ場所の植木鉢の出入口から頭を出して，はさみの次の前肢をうまく使って，餌を口にかき込む姿はなかなかユーモラスである。

　夏の間に数回脱皮するが，何匹も一緒に飼っていると，脱皮前に相手を倒すまで戦うことがある。ふつうの水槽ならばなるべく 1 匹とし，2 匹入れるときはかくれ場所を 2 つ作ってやらなければならない。

　脱皮の日にはほとんど餌を食べない。脱皮はたいてい夜のうちにするが，2 匹になったかと思うほどそっくりそのままの皮が残っているので，静かに取り出して子どもにもよく見せるとよい。

108　第3部　環境をつくる

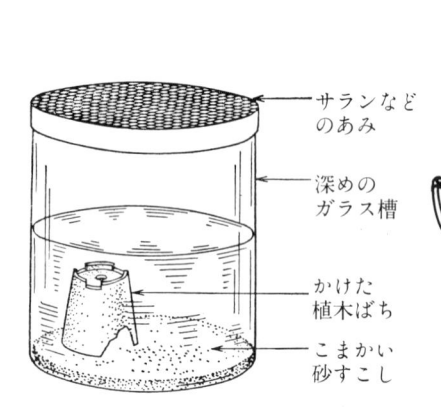

図10-4　ザリガニの水槽
- サランなどのあみ
- 深めのガラス槽
- かけた植木ばち
- こまかい砂すこし

図10-5　サイフォンを使って水を取りかえる
①水の中に細いビニール管を沈め，管の途中に空気が残らないように水を満す
②管の両端を指先でしっかりと押え，一方を水槽の水中に入れてから指をはなす（水が切れたらやりなおす）
③底から水を吸い上げるので，底にたまったゴミを除くことができる

ビニール管は鉛筆程度の太さで，やわらかいものが扱いやすい。日曜大工の材料，工作器機を売る店で手に入る

　脱皮のときは，ザリガニは平衡感覚器のためにごく少量の砂粒を必要とする。素焼きの植木鉢が入っていれば目に見えなくてもそのくらいの砂は崩れおちているはずだが，念のためにごく細かい砂を入れておくとよい。
　ザリガニをつかむときは，はさみのすぐ後ろの体部を静かにしっかり上からつかむ。いいかげんな持ち方をすると暴れてかえって扱いにくくなるものである。手ごわくてどうも持てないと思うときは，無理に取り出したりしないで，ビニール管をサイフォンにして水を吸い出して取りかえる。金魚とちがって，10分や20分すっかり水がなくなっても死ぬようなことはない。
　冬は深いかめのような容器に入れ，ザリガニの背が出るくらいに水を少なくし，温度変化の少ないところにおいて冬眠させて越冬させることができる。室温が高いと冬眠しないし，うっかり忘れて死なせることがあるから注意する。ごそごそ動いているようなら数日おきに餌を与えなければならない。

2. 栽　　培

(1) アサガオをまく（ヘチマ・ヒョウタンなど）

　アサガオは，その地方で霜がくる心配がなくなってからまく。ふつう，箱にまいて発芽させ，ふた葉が開いてから移植する。子どもが各自の鉢にまくときは，移植しないでそのまま育てる。鉢は直径 15 cm 以上とし，土の 2 分の 1 から 3 分の 1 くらい砂をまぜ，手に入れば腐葉土を混ぜる。種を新しく買うときは，高価なものよりも雑種で丈夫なものを選ぶ。

　子どもが鉢にまいて育てるときは，保育者が別にまいて苗を育てておくと，枯れたり，芽が伸びない子どもがあったとき，植えかえる予備になる。あまった苗は園内の棚などにからませるように植える。

①　まきつけ

　土を平らにし，5 cm 角に 1 つくらいの間隔で，割ばしか指で浅い穴を作る。割ばしの先を 5 mm ほど色をつけて，そこまで土にさして穴をあけるよう指導するとよい。深さは 5，6 mm で，何をまくときも種の高さと同じくらい土をかぶせるとよい。発芽がおくれるのはほとんど種が深すぎるためなので，穴をあけたら保育者が深さをたしかめてから種を入れさせる。植えかえをしない鉢では，3 粒が限度である。種に土をかぶせてから，ジョウロでたっぷり水をやる。水は 1 日 1 回，十分に与える。

②　発　　芽

　1 週間か 10 日ぐらいで軸の部分が土の上に見えはじめ，やがてふた葉が出る。

　本葉が 4，5 枚になったころ，配合肥料を一つまみ程度，軸にかからないように鉢のふちに近い土の上におくとよい。

　順調に育てば 7 月に入るとつぼみができはじめ，夏休みに入る前に 1 つぐらい花がつくけれども，発芽が遅れたものでは花がつかないうちに夏休みになることが多い。鉢は家に持ち帰らせるか，園に場所があれば，鉢から抜いて伸びたつるなどを切り捨てて垣根や窓の下に植えておくと，夏休みの間に育ってたくさん花をつける。花が咲きはじめてから，1 本について 1 つか 2 つの花にビニールひもなどで結んで印をつけ，種を取るために残しておく。よく実が熟し

てから取って袋に入れ，花の形と色を書いて保存し，次の組にゆずる。種をとる花以外の花は毎日咲いたあと，もとから摘みとって種を作らせないと，霜がくるまで咲き続ける。摘みとった花や葉で色水を作ることができる。

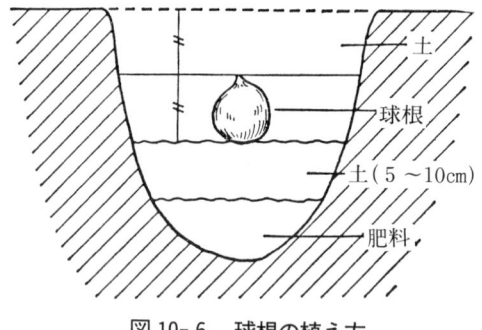

図10-6　球根の植え方

(2) **チューリップを植える**（スイセン，ヒヤシンス，クロッカスなど）

　植　え　方──チューリップの球根はあまり高価なものよりも，小さいしっかりした球をえらぶ。肥料は堆肥，腐葉土があればよく，配合肥料を土に混ぜたものでよい。

　花壇の土を柔らかくし，20～30 cm 間隔に穴を掘る。穴の底に肥料を入れ，直接球根が肥料に触れないように5～10 cm ほど土をかぶせ，この上に球根をおいて平らにしたとき，球根の高さぐらいの土がのるようにする。

　植え込んだ球根は間もなく土の中で活動を始め，秋植えのものでも3か月ぐらいで芽を伸ばしているから，このころ一度追肥する。

　花を楽しんだ後は，実を作らせずに必ず軸から花を切り捨てるのが球根類を育てる原則である。実が熟すまでつけておくと地面の下の球根はすっかり弱ってしまう。けれども中で1，2本実を残して，種も見せるのもよい。花の後でもう一度追肥をし，葉が黄色くなるまで花壇において十分球根を養わせてから掘り上げて，次の植え込みの時期まで，夏ならば乾燥した涼しい場所に，冬は凍らない場所にとっておく。

(3) **水　栽　培**

　球根を育てるもう1つの方法に，水栽培がある。花壇がない所でも簡単にできるし，また事例2のように花壇に植え付けたときも同時に水栽培すると，冬の間の発育のようすを直接見ることができる。とくに，植物の根のありさまを知るのによい材料である。

水栽培はあまり丈が高くなるものは伸びてから不安定なので，ふつう，ヒヤシンスがよく使われる。そのほか，クロッカス，サフランもいろいろな作り方を楽しむことができる。
　容器はガラス製のものがたくさん出回っているから，花屋やせともの屋で買うとよい。根がよく見えるように淡色のものを選ぶ。水はふつうの水でよく，ハイポネックスなどの水耕用肥料を定量溶かして入れればなおよい。
　水栽哉に使う球根は，高価でも花壇の土に植える場合よりもよいものを毎年新しく買い入れる。
　ビンのくびれ目までいっぱいに水を入れ，球根の根が出る部分がひたひたに水につくくらいにする。温度変化の少ない暗い所におくと，12月ころには白いきれいな根がビンの中にいっぱい広がり，1月ごろ球根の上の方からつやつやした緑色の葉がのぞいてくる。このくらいになったら水に肥料を補い，おおいをとって暖かい所に出してやると，1月末から2月にかけて花が咲き始める。
　水栽培は，よい球根を選べば失敗なくよい花を楽しむことができるが，それでも時折りうまくいかないことがある。失敗するのは，暖かい所におかなければならないと思って，最初から明るい温度変化の多い窓側の日の当たるところにおくからである。(95ページ事例参照)
　水栽培の球根は，花が終わるとすっかり弱り，まわりが腐りだしていることもある。緑の葉がまだ残っているようならば，花壇の隅や庭に植えておくと，翌年は芽をのばす。その年は花をつけないことが多いが，翌年からは少しずつ花をつけ始める。ヒヤシンスは掘り上げなくても毎年花をつけるので，一定の場所に年々植えもどしておくと「ヒヤシンスの花壇」ができる。

第11章

大きな自然を感じる

I　目　　標

1．感受性を育てる

　海や山の風景，季節の移り変わりなどの大きな自然環境については，人間は長い間，動かし難く変え難いものとして受け取り，その美しさや偉大さを感じ続けてきた。自然を感じとる心が美術・音楽・文芸などさまざまの芸術を生み出し，その風土の中の人々の心を養ってきたことは改めて言うまでもない。大きな自然環境にかかわるのは，まず感じ取る心の働きである。

　しかし現在，日本では全国的に都市化が進んだ結果，子どもの生活は自然から遠ざかり，季節感や自然を感じる心が失われたと言われている。確かに生活の周辺を見回せば，冷暖房が普及して暑さ寒さを感じることは少なくなり，栽培技術と流通機構が進んだ結果，季節は問わずさまざまの野菜や果物を口にすることができるようになった。道路はほとんど舗装され，子どもたちは土の上を歩くことも少なくなっていることは事実である。

　もともと人類は，遠い祖先のころより厳しい自然の中で食物を確保し，生活を切り開いて今日の文明社会を築いてきたもので，長い歴史の目でみればその生活はたえず変化し続けてきている。しかし20世紀後半を過ぎてから，特に経済先進国で著しい生活の変化が起こった。たとえばライト兄弟が，手づくりの

おもちゃのような飛行機で，わずか10mあまりの飛行に初めて成功したのは20世紀始めであったが，現在は音速より速いジェット機が大量の物資や旅客を運び，海外旅行はごく当り前のことになった。このように社会と生活の変化があまりに速く大きかったために，私たちは自然がすべて失われてしまったような錯覚を起こしていないだろうか。

　人工衛星が飛ぶ時代になっても，地球が太陽の周りを回り，昼と夜があり，季節が巡ってくることに変わりはない。どんな市街地でも街路樹は春に芽をふき，夏と冬では室内に差し込む日ざしが変わる。冷暖房を入れるのは，むしろ季節が巡っている証拠と考えることができよう。自然が失われたことを先入観として固定して考えずに，身のまわりの大きな自然事象を見出すことが第一に大切である。

　実際に，子どもたちは年齢が低いほど風に揺れる木の枝や，雨上がりの太陽の日ざしに目を止める。これは自然を感じ取る姿である。保育者がこれを受けとめ，共感を示すことによって子どもの感受性は高められる。したがって子どもの身のまわりに大きな自然が失われたか否かは，自然を感じ取る保育者の意識にかかっていると言っても過言ではないのである。

2. 環境への視野を拡げる

　子どもの生活範囲はまだごく狭いが，環境は地球全体に拡がりを持つ。たとえば捕えた虫を放すことによって子どもの視野を虫の生活に拡げ，種をまいて育てた菜を小鳥にやって食べ物と栽培の関係を感じ取るように，より広い環境を感じることは他者を主体とした環境を知ることであり，まだ見ないものについても想像する力を育てる。年長児ではテレビなどで世界の情報に触れる機会も多いので，日本は夏でも国によっていま冬のところがあること，また台風や地震，干ばつ，火山の爆発などのニュースを知っていることも多い。このよう

な話題に応じていくことも，大きな自然を感じる保育の一場面である。身近な生活の中で大きな自然を感じ取ることは，人間の最も素朴な心であると同時に，高い意識と教養の裏づけが必要なのである。

II　子どもの行動と保育の展開

> 〈事例1〉　4歳児12月
> 　冬になって初めて床暖房が入った朝，登園して来た子どもたちは床が温かいことにすぐ気がついて，身支度もそこそこに床にさわって喜んだ。上靴も靴下もぬいで歩き回っている子ども，床に頬をつけ，腹這いになっている子どももいる。そのうち跳び箱用のマットの下に手を入れた子どもが，
> 　「あったかいよ！　こたつみたいだよ！」
> と大きな声をあげたので，子どもたちは集まってきて，「こたつだ，こたつだ」と言いながら足を入れた。
> 　「先生もはいってよ」
> と子どもが呼ぶので，保育者はおうちごっこの戸棚から大きい布を取り出してマットの上に掛け，予定を変更してしばらくの間絵本の読み聞かせをすることにした。

　暖房が入ったのを喜ぶのは子どもたちの季節感の表れである。伝統的なこたつと，近代的な床暖房はいかにも不似合いに見えるが，子どもの生活経験がこれを結びつけた。保育者も共感を示して，マットにきれいな布を掛けてこたつの感じを出し，こたつにふさわしい読み聞かせで保育を進め，子どもの季節感をさらに深いものにしたのである。

　大きな自然を感じるには，このように子どもの感動にそって保育を進めると同時に，年間を通して準備しなければならないことも多い。園外保育の計画はその代表である。

〈園外保育〉

　園外保育には，保育時間内に園の近くに出る散歩に近いものと，年に数回子どもの体験を増すために計画する遠足，親子どうしの親睦をはかるピクニックなどが行われている。また近年各地で，子どものための設備がつくられるようになったので，1～2泊程度のキャンプを実施している園もある。

　どんな場合でも安全を第一にはからなければならないことは言うまでもないが，未満児は「見る，感じる」時期なので，できるかぎり散歩に連れ出すようにする。外出のために夏は帽子をかぶり，冬はコートを着るなどの身仕度も，生活訓練と同時に季節感を育てる保育そのものである。

　季節ごとに何度か保育者が園の近くを歩き，略図を作ってポスト・交番・消防署・橋など子どもの目印になりやすいものを記入しておく。大きな木のある家，花の咲く木，実のなる木，空が広く見える場所など保育者がそれぞれ気がついたことを記入していくと，年間を通して散歩コースのポイントとして把握することができる。同じ場所に季節ごとに行くことは，たとえ市街地でも子どもに季節感を感じさせる。

　遠足ではさらに深い配慮が望ましい。子どもがふだん触れることが難しい自然については，できるかぎり園外保育などの計画に入れるとよい。年1回でも幼児が行ける範囲で，大きな自然に近づける場所を選ぶ。鉄橋のある川や高圧線の鉄塔が遠くまで並んでいる広い景色などは，それだけで子どもの心を動かすはずである。

〈事例2〉　5歳児5月
　東京の園の5歳児の園外保育で，武甲連山がよく見える展望台を休憩場所にした。保育者は山々の名前を展望図でしらべておいて，休憩のとき子

> どもたちと一つ一つ数えた。子どもたちは一緒に山を見ながら、
> 　「山って，すごくたくさんあるんだなあ」
> 　「どの山にもみんな名前があるの？　誰がつけたの？」
> 　「山は，1つじゃないんだね」
> と言った。その後，1週間ほど経ってから砂場に出た5歳児数人が，
> 　「山ってたくさんあるんだぞ」
> 　「つながっているんだぞ」
> と言い，大規模な山脈状の山を作った。

　「ヤマ」という言葉が持つイメージは，子どもにとって，ただ砂を盛り上げたものだけのこともありうる。山脈状の山を5歳児が作ったのは，大きな飛躍と言わなければならない。ともすれば休憩時間をその場所と全く関係のないゲームなどで過ごすこともあるが，保育者の意識によってこれだけの展開も引き出すことができたのである。

　大きな自然に恵まれている地域でも，子どもは保育者の助言によって新しく物事を見直すことが多い。鉄道の駅や操作場，農作業や収穫，出荷，国道を走る車の列でさえ，ふつうの家庭では子どもにゆっくり見せていないことが多いから，大人にはごく平凡と思われても子どもにとっては珍しいものである。特に知識を統合しようとする5歳児には，日常保育との結びつきのうえで園外保育を計画することが望ましい。

第12章

文　字　と　数

Ⅰ　文字がある環境

1．文字を使う生活

　教育要領では，領域「環境」の内容として文字や数に興味や関心，感覚を持つことがあげられている。実際，子どもはすでに文字や数・数字がある社会環境の中に生まれて育つので，乳児の頃から文字・数字に接している。たとえばどの家庭でも新聞紙，広告の紙，郵便物など字が書いてあるものは大人が特別な扱い方をするし，絵本を読んでもらうとき大人が字を見て話すことも知っている。また入園して集団生活にはいれば，持ち物にはそれぞれ名前が書かれていて，大人に自分の名前を書いてもらう機会も多くなる。したがって子どもはかなり早くから文字に関心を示し，自分で読んだり書いたりしようとすることもある。

　このとき注意しなければならないのは，子どもにとって文字の読み書きに対する関心は，そのほかの事物に対する関心とさほど変わらないということである。しかし大人はそれまでに長い学校生活の記憶があるので，読み書きと言えば「学校の勉強」を連想し，子どもの関心を見逃したり，まだ早いと思って無視したり，時には将来学校での良い成績を期待して，高く評価しすぎることもある。特に読み書きや数だけを機械的に教えることは，子どもに負担をかける

結果になるので注意したい。幼児期は社会環境全体の中で文字や数が持つ機能を感じ取り，その働きに参加していく意欲を起こす時期なのである。

〈事例1〉 3歳児9月
　A子は製作コーナーで紙を一枚取り，しきりに何か書いていた。やがてその紙を四つ折りにして保育者に渡し，「先生にお手紙」といって急いでテラスに出ていった。開いてみると，なぐり書きのような短い線や丸がたくさん書いてあった。保育者が見ているとA子はそっと戻ってきて，「あのね，遊びに来てくださいって書いたの」と言った。

　A子は家で大人が手紙を書いたり，読んだりするのを見ていたと思われる。「遊びに来てください」というのは，たぶん手紙の内容として聞いたものであろう。A子は短い線と丸をたくさん書いて文を，紙を折りたたんで手紙を表現したのである。
　保育者に手紙を渡してすぐ立ち去ったのは，手紙を読むときにその手紙を書いた人はそこにいないことを表したものかもしれないし，自分が書いた文字が大人に通用するものではないとわかっていて，保育者の反応を見ようとしたのかもしれない。保育者が丁寧に開いて見ていたので，安心して説明をしに戻ってきたと思われる。A子はまだ文字を書けないが，コミュニケーションの手段として文字らしい線で手紙を書き，届けるという社会機構を知り始めたのである。このような例は園でよく見られるもので，ごく簡単な絵らしいものを書くときもあるし，何も書かないでただ折り畳んだだけの紙を「お手紙」と言って渡しにくることもある。どちらにしても，子どもは手紙──郵便というものが社会にあることを知り始めたのである。

〈事例2〉 3歳児11月
　B子は登園するとすぐおうちごっこのコーナーに入り，「わたしお姉さんよ」と宣言した。「大きいお姉さんだから，たくさん勉強するの」と言って大型の積み木を机にし，紙を広げて熱心に何か書き始めた。30分あまり書き続けて，「たくさん勉強したからくたびれた」と机を離れたので保育者が

> 見てみると，横書きで紙にびっしりと細かい曲線が書き込まれている。所々に数字や平仮名らしい形のものも混じっていた。

　B子は3人姉妹の末っ子で，姉たちからかなり赤ちゃん扱いされ，勉強のじゃまをしないように言われている。その「大きいお姉さんの勉強」を，机に向かって文字（らしいもの）を書いて再現した。だから「勉強」が終われば書いたものには執着しないで，机の積み木の上に置いたままほかの遊びに行ってしまったのである。

　事例1，2は，子どもが文字そのものよりも，文字が使われている状況に興味を持っていることを示している。このほか3歳児が父の日にお父さんの顔を描き，画用紙の片隅に×印を並べて書いたので，何て書いたの？と保育者が聞いたところ，「僕のお父さん」と答えた，というような例も多い。この時期の子どもは，短くて曲がった曲線，交差する短い直線として文字を捉えているように見える。文字を必要としたとき，子どもはこのような表現で文字を表すからである。

2．文字と読み書き

　文字に関心を持つと，子どもは次第に個々の文字の違いに気づき始める。新聞の見出しや絵本から特定の字に注目して「これ何という字？」と聞き，『の』という字，と教えられると「これも『の』ね，あれも『の』ね」と同じ字を探して確かめたり，自分の名前の文字などを手がかりにして形を見分けていく。仮名文字は1音1字なので，形の見分けがつけばすぐに音と結び付き，「字が読める」ことになる。

　よく知られているように，読み始めの子どもは「お・か・あ・さ・ん──おかあさん」とまず拾い読みをしてから言葉に言い直すことが多い。書くときはこの逆で，「おかあさん」を「お・か・あ・さ・ん」と音節に分離しながら書いていかなければならない。このために書くことは読むよりやや遅れる傾向があるが，子どもの身近に自由に使える紙や鉛筆などがあれば，字形を識別する段階から書こうとすることもある。どちらにしても，文字を書くには絵を描くよりも決まった形を作ることが要求されるので，それだけの手先の器用さが発達

していなければならない。したがって読み書きは同時に進行するとは限らないが，子どもが読み書きをしようとする状況が起これば，互いに協調しあっていく。たとえば，事例2のB子は字そのものを正確に書こうとしているのではないが，全体として書こうとする意欲を持ち，結果として細かい運筆を十分に練習したことになっている。

　日本の仮名文字は平安時代に，宮廷の女性たちによって形を整えられ，以来千年の歳月を経て洗練されてきた。字形を見分けて音と結びつけば原則としてどんな文でも読めるし，どんな言葉でも書けるという利点がある。アルファベットをまず覚え，次にスペリングを暗記して初めて読み書きができる国よりも，日本の子どもの読み書きが早いのはこのためである。

3. 保育者の役割

　現在の社会では，子どもは生活環境の中でいつも文字・数字を見ているし，モデルとして大人が文字を使う場面を見ている。事例1，2は，これを再現したお手紙ごっこ・勉強ごっこと言うことができる。しかし保育室は子どもの生活のために作られ，保育者は子どもを中心に仕事をしているから，特に未満児の保育室は家庭と比べて文字環境に乏しい傾向もあるので注意したい。たとえば，1歳児室でもよく見えるところにカレンダーを掛け，アラビア数字の文字盤の時計を置くなど，ごくふつうの家庭で文字環境となっているものを準備したいものである。

　低年齢児の個人用のロッカーや引き出しには，目印としてよくかわいらしいシールを貼って見分けさせているが，同時に名札もつける。ふつう満5歳をすぎる頃から文字の見分けがつき始め，「なおみちゃんの『な』とななちゃんの『な』の字とおんなじね」と言ったりする。自分の名前や，お店ごっこの看板，乗り物ごっこで駅名・列車名などを書こうとするときは，文字として少々不完全でも認めて励ましたいものである。

　文字は書き始めの時にきちんと教えないと，逆さ文字（左右が逆になった文字，鏡文字とも言う）などの癖がつくという説があって，子どもが文字に関心を見せるとすぐにワークブックを与え，あいうえおの『あ』から教えようとする傾向もある。しかしワークブックや五十音表に興味を持つには，ある程度文

字を見分ける力がついていなければならない。現在の研究では，子どもによって差があること，いったん見分けがつけば急速に字を覚えることが知られている。満6歳前後まではこの準備期なのである。

したがって年長児室では特に文字環境に注意し，保育者はできるだけ字癖のない，教科書体の文字を書くようにしたい。逆さ文字を子どもが書いたときは，時に応じて正しく書いてみせれば次第に訂正される。

II 数と数量

これまで述べてきた文字には，数字も含まれる。現代の社会では，日付，時刻，番地，郵便番号，電話番号など数字で表されるものが多く，子どもがテレビを見ているだけでも，たくさんの数を表す言葉（数詞）や数字に出会うので，数詞や数字に興味を持つ子どもも多い。昔から「読み・書き・そろばん」と言われてきたが，中でも数は算数・数学という連想から知的教育の代表というのが常識となっている。しかし20世紀後半から子どもが数を理解していく過程が次第に明らかになり，算数・数学を学ぶ以前に数量の基礎を生活の中で獲得していくことがわかってきた。数え方や計算を教えても，この基礎がなければ理解できないのである。

幼児教育では，文字や数を知的教育として重んじ過ぎたり，あるいはその反対に拒否するような偏向も起こりやすいので，ここで数量について子どもの発達とそれを助ける環境について述べておくこととする。

1．数量と生活

人間が生活の中で扱うものは，道具・器具・食物など形が決まっていて，一つ一つ数えられるものが多い。これを個物という。生物もそれぞれ個有の形をもった個体で成り立っている。生物の一員として，人間も一人一人の個人の集まりなので，人間が生活していれば必ず数を扱うことになる。

個物の数だけでなく，長さ・重さ・時間・液体などのかさ（量）なども生活

と切り離すことのできないものである。長さや重さなどは個物のように一つ一つ数えられないので、それぞれ決まった単位で計って数に置き換えて扱う。

人間の生活ではたえず数量を扱うので、世界のどんな民族も言語の中には必ず数詞があり、文字には数字が含まれている。現在、国際的に共通の数字(アラビア数字)とメートル法の単位が使われているのは、人間の生活に数量が大きな意味をもち、欠くことのできないものであることを示している。

子どもはこのような社会の中に生まれ、家庭のさまざまな個物に触れ、数量を表す言葉を聞いて育つ。まして集団生活に入れば、数量に触れる機会は飛躍的に多くなる。数量の理解と子どもの生活は、切り離すことができないものである。

2. 数とは何か

数は、犬でも自動車でも山や湖でも、何でも3つあれば「サン」と言い表される。また犬1匹、自動車1台、湖1つのように違うものでも、合わせて「サン」と言い表す。数とは、ものの種類や形・性質に関係なく、その在り方を表す言葉なのである。

もともと人間が使う言葉は広い内容を含んでいる。たとえば「イヌ」は、大きい犬、小さい犬、縫いぐるみの犬すべてに使われる。同様に「ハナ」「ジドウシャ」は、それぞれその類(るい)をまとめて表す言葉である。そして数を表す言葉は、どんな類の個物にも、台風や火事などの現象にも共通して使われるから、ふつうの言葉よりはるかに範囲が広い。子どもは小さい時から数量を表す言葉を聞いて育つが、物の取り扱いやふつうの言葉の習得よりも数の理解がはるかに遅れるのは、このためである。

注意しなければならないのは、数を表す言葉は覚えやすくやさしいが数の内容は難しいということである。そこで、子どもが数を理解していく過程を知るために用語について、簡単に説明しておくことにする。

(1) 数　詞

数を表す言葉を数詞という。数詞はどこの国の言葉にもあるが、日本では特に、「ひとつ・ふたつ・みっつ(ひ・ふ・み)」と「いち・に・さん」の2通りある。

「ひとつ・ふたつ」は古代からの日本の数詞で，古事記などではすべてこの読み方になっている。「いち・に」の方は中国から日本に漢字が伝来したとき，「一・二・三」という字と一緒に入ってきたもので，その当時の中国語である。このほうが古代からの数詞より短く，十進法の区切りがつけやすく，とくに大きい数を扱うには便利だったので，しだいに日本語化して現在に至っている。

　日本古代語のほうは，民衆の日常生活と結びついて，「とお」までの数え言葉として今も使われ，日付け，年齢など生活に関係の深いものには残されている。また四を「よん」七を「なな」と読むのは，古代語の音が伝来語の数詞に移行したものである。

　小学校教育算数では「いち・に」に統一されているが，幼児段階までは「ひとつ・ふたつ」が使われることが多い。この言葉は，わらべ歌や民話にもよく使われ，リズミカルで響きも美しいので，特にさける必要はなく，数えるときにはこのほうがよい場合も多い。

(2)　数　唱（唱える）

　数詞は一つ一つがある数を表しているが，そのほかに，数の大きさに従った順序をもっている。この順序にしたがって数を唱えることを数唱という。

(3)　計数（数える）と対応

　個物がいくつかあるとき，個物1つに数詞を1つずつ順序通りに対応させる。それを1対1対応という。対応が終わったとき唱えた数詞がその個物の数を表す。このように数詞と個物を1対1対応させて，個物がいくつあるか知ることを計数という。

(4)　集合と集合数

　物のまとまりを集合という。園児は幼児の集合であり，年齢別のクラスに分ければ，クラスは3歳児，4歳児，5歳児の集合である。また，100名の園児を男児の集合女児の集合に分けることもできる。

　個物をまとめて集合をつくれば，集合にはそのまとまりの多さを表す数がある。この数を集合数という。ミカンを3個，リンゴを5個集めれば，「3」「5」はそれぞれ集合の大きさ（個数の多さ）を表している。数を理解していくとき最も重要なのは，この集合数である。

　図12-1の左側に示したように，指さしして個物を数える計数だけを早くか

ら教えすぎると，どの数詞にも1個の個物が対応するために数の多さを理解しにくくなる。また多さがつかめないうちに数字で計算を教えると，数式の丸暗記に終わることが多い。幼児期の指導で注意が必要なのはこのためである。

(5) その他の数

① 順 序 数

「何番め」を表す数を順序数という。日付け（3月3日），学年（3年生），順位（3着）などに使われる。3月の3は，1月から数えて3番めの月という意味で，大きさ・多さと関係ないことは言うまでもない。

② 記 号 数

数詞の順序・多さとまったく関係なく，便宜的に記号として使われる。テレビのチャンネル番号，運動選手の背番号，電話番号などである。数としての内

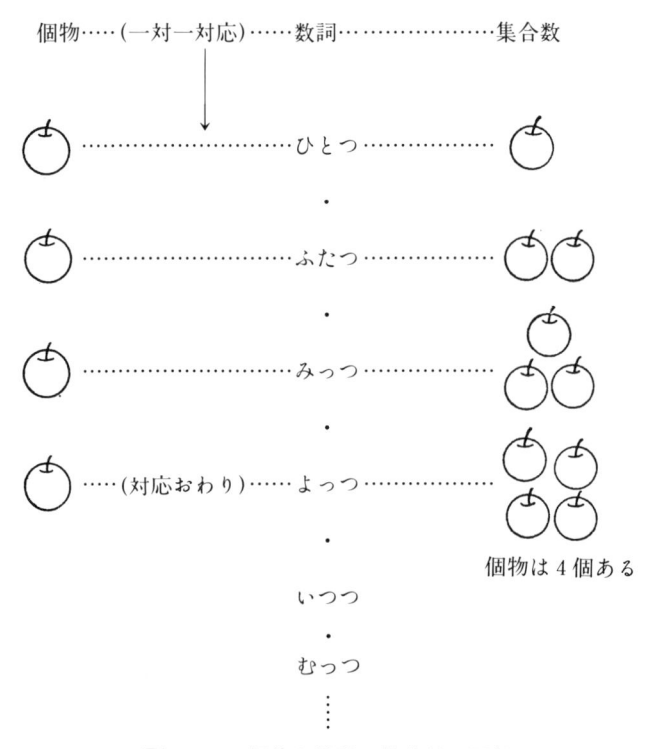

図12-1 個物と計数，集合数の関係

容はないが，子どもが数字に親しむきっかけとなることが多い。

III　発達と指導

1．言葉と感覚

　子どもが数量の言葉に出会うのは，大人の語りかけの中で始まる。たとえば，赤ちゃんを「そら，だっこですよ，いち・にの・さん」と抱き上げ，乳児体操のときリズミカルに「1・2・3・4」と唱える。風呂であたたまらせるとき，大人はたいてい，ゆっくりと数唱を繰り返して聞かせる（数詞・数唱）。乳を飲むとき「さあ，**たくさん飲もうね**」，食事のとき「何ちゃん，もう**少し食べてごらん**」とはげます（量）。散歩では「**大きい** ワンワンいたね」「**小さい** お花をよく見つけたね」と語りかける（大小・類別）。

　こうして，子どもは自分の体内感覚その他の感覚で感じる事実と結びつけて，数や量の言葉を聞き覚える。「もっと（下さい）」「もうたくさん（もういらない）」など量に関係する言葉は，一語文として話し始めのころから使われている。またお風呂などでよく数詞を聞いている子どもは，自分も数を唱えようとする。数唱は1から覚えるとはかぎらず，途中の数や終わりの10（とう）だけを言うこともあるが，いつも数唱を聞いている子どもならば満2歳過ぎには大部分の子どもが10までの数唱が言えるようになる。

　このように，子どもはまず感覚と言葉から数に触れ始める。したがってこの時期の指導は，ほとんど保育者の適切な語りかけが中心となる。

2．集合数の理解

　歩行開始ごろから，子どもは同じような個物が並んでいると特に注目し，やがて自分も並べようとする。昔から「子どもは何でも並べて見せると喜ぶ」とよく言われている。(32ページ参照)

　子どもが並んでいる個物に注目し，また自分で並べたとき，大人が個物を一つ一つ指さして数えて見せると，まねして自分でも数えようとしはじめる。始めは数詞と個物の対応がうまくつかないが，満2歳過ぎには3まで対応がつく

ようになり，このころからしだいに，個物が3つあると，数えなくても見ただけで「3つ」と言うようになる。集合数を理解しはじめたのである。数を理解するのは個物により難易があって，ミカンや積み木など丸みを帯びた立体が最も理解しやすく，細長い箸やうすい紙，形が複雑なものは難しい。また大きさや色が違うとわからなくなる。3を理解しはじめた子どもは，いろいろの物が3個あると注目し，「3つ，3つ」と言う。母親たちはよく，「何でも（お菓子など）3つもらうと喜びます」と言う。これは，子どもがいろいろの物から3を理解しようとしているからである。

　3がわかり始めるころ，子どもは2を理解している。しかし同じ物が2個あるとき，子どもは「おんなじ」と表現することが多いので，「2つ」より「3つ」を発語することが多い。1については，子どもが満1歳になるとすぐ「あなたは1つよ」と教えられるが，この1つは生まれてから1年経過したという内容なので，子どもは全く理解できない。また，4個以上の集合は「たくさん（多数）」と感じとっている。

　満3歳ごろまでに，子どもは身辺のわかりやすい個物ならば確実に数詞と対応ができ，3までわかるようになる。

　そして次に，「3つ取ってごらん」という言葉を聞いて，自分で3つ取り分けられるようになる。これは3という在り方が記憶として成立し，他のものに応用できるようになったことを示す。どんなものについても3個あるとき3と認め，逆に3という言葉を聞いて3個の集合を作れるようになったとき，子どもは3を理解した，ということができる。

　3歳児は，この3の理解を固める時期である。子どもの発語の中でも「3つ」は数詞の中でいちばん多く使われる。保育者は子どもが自分で3個または2個取る機会をつくっていくとよい。たとえばおやつのお菓子も，「ビスケットを2枚取りなさい」「今日のおやつはクラッカー3個ずつよ」といって取らせる。

　3歳児の終りから4歳児期の前半にかけて，子どもを4人ずつのグループに分けて座らせると，子どもは食事や作業のときいつも4の集合を見る機会が多くなる。これは子どもが感じる「多数」の中から4を分離していく機会になる。

　4の理解は，満4歳から満5歳にかけて，わかりやすい個物から順次成立する。数えなくても見ただけで2・3・4がわかるころ，5を理解し，このころ

整数列が1ずつ違うことを理解し始める。これは数「1」の意味を理解し始めたことを示す。また，「4」を理解し始めるころから，形が違うものでも数がわかるようになる。

このように集合数の理解を進めてきた5歳児は，「5人のグループで休みが1人，だからきているのは4人」「牛乳は3本だから，あと2本いる」などがわかる。合成分解ができてきたのである。5までの数と1を理解した子どもは，急速に5以上の数を操作できるようになる。

集合数の理解は，満1歳半から5歳まで，幼児期のほとんど全期間を通してゆっくりと進められる。数唱だけならば100まで唱え，計数は20近くまでできる子どもでも，集合数として理解するのは満6歳でも10以下がふつうである。数唱・計数だけ大きな数まで繰り返し教えたり，また見ただけでわかるのに小さい数もいちいち数えて言わせていると，かえって数理解をさまたげることになるから注意しなくてはならない。

3. 数　　字

子どもは毎日のように数字を見ているので，かな文字を覚えるころには，ほとんどの子どもが数字を覚えているといってよい。しかし，かな文字は1字が1音を表し，文字1つだけでは内容をもたないが，数字は3，5などの数字1つが大きな内容をもっていることに注意しなければならない。数字は読み書きができるだけでなく，集合数の多さと結びつくことが大切なのである。

数字は，子どもが集合数としてよく理解したものから，数と結びつけて使うとよい。黒板に欠席の人数を書いたり，おやつのとき「ビスケット3まい」と書いて見せるのも1つの方法である。買物ごっこの値段などは，子どもにとって大きすぎる数なので，数字の書き方やおつりの金額などにこだわる必要はない。子どもは漠然と大きい数を感じているので，高い値段をつけようとすれば0をたくさん書いたり「百万円です」と言ったりするが，これは「とてもたくさん」というのと同じ表現なのである。またおつりを出すことに興味をもつ子どもは，渡したお金以上のおつりを返すこともある。これも1つの段階なので，正確な計算をさせようとしないほうがよい。10以下の数を集合数として把握し，数字と結びつけていくことが幼児期の指導として大切である。

4．大きい数との対応

　集団生活に入ると，子どもは自分が理解している数よりはるかに大きい数に出会う。3歳児のクラスが20人とすれば，20は子どもにとって数えることができない「多数」である。このとき子どもは，靴と靴入れ，持ち物とロッカーや引き出し，帽子と帽子かけなど多数と多数の対応を知り始める。入園時の生活は，まずこの対応を覚えることから始まるといってよい。3歳児では，はじめ自分のものと場所から覚え，3歳児期後半から4歳児期にかけて，ほかの子どもとの対応も理解しはじめる。5歳児期には，帽子がかかっていない帽子かけや，空席を見ただけで「きょうの休みは2人」とわかるようになる。

　多数の対応の指導は，入園時期や日常の集団生活のしつけそのものであるといえる。出席ノートや家庭に持ち帰らせる手紙を配ったときも，

　「みんな1つずつありますね。手に持ってみせてごらん」と言って見回させると，多数の子どもと物の対応をよく感じさせることができる。これは持ち物を間違いなく持ったかどうか確めることになるので，3歳児期から4歳児前半にかけて，習慣のように繰り返すとよい。

　どの園でもよく行う「イスとり」は，多数の対応そのもののゲームである。このゲームをするときは，まず輪をつくってイスに座り，「イス1つと子ども1人」の対応を落ち着いてよく確認させる。次にイスを1つ中央に出して，「イスを1つ取った，だから誰か1人座れなくなる」ことをよくわからせてから始める。始めのうちは1回ごとに座れなかった子どもを全員の中に戻すほうがよい。多数の対応がわかっていれば，4歳児後半には次々とイスを抜いていくこともできる。対応がわからないままにこのゲームを繰り返すと，子どもは自分がイスに座ることだけに興奮し，大騒ぎになってしまう。

　〈事例5〉　手をつなぐ　4歳児
　近くの公園に遊びに行くために，男児と女児が手をつないで2列に並んだ。男児が2名手をつなぐ相手がいないので騒ぎ出した。
　「A夫ちゃんとB夫ちゃんと2人，手をつなぐ人がいませんね。男の子と女の子と，どっちが多いのかしら」

と保育者が言うと,
「男だよ」「もーちろん」
と男児たちがいっせいに答えた。
「何人多いの」
「2人！」
「今日はC子ちゃんが休みだからよ。ほんとうは1人よ」
とD子が言った。

〈事例6〉　20で交代　4歳児
　ブランコに数人が集まり，乗る順番に並んでいる。20乗ったら交代という約束が子どもたちの間でできあがった。数唱に自信のあるE子がこぐ数を唱えた。自分がこぐときはブランコの動きと数唱が対応するが，ほかの子どもの動きを数えるときは対応がつかず，しだいに数唱が速くなる。しかし，乗っている子どもも，見ている子どもも気がつかない。保育者が気をつけていると，トランポリンで跳ぶときも同じ現象が観察された。
　そこで保育者は，乗っている者が自分で数を唱えるように助言した。どの子どもも20まで確実に動きに合わせて数えられるようになった。

〈事例7〉　紅白玉入れ　4，5歳児
　運動会で紅白玉入れをした。入った玉を数えるとき，白の玉がなくなったところでいったん数えるのをやめた。
　「白がなくなりました。赤はまだありますから，赤のほうがたくさん入れました。赤の勝ち!!」
　子どもたちは歓声をあげた。
　「赤はあといくつあるでしょう？」
　「6つ！」「8つ！」「たくさん！」
と声があがる。
　そこで改めて赤の玉を一同で数え，

> 「赤が6つ勝ちました!!」
> と言って勝ち負けを決めた。

　日常活動の中で数を扱う機会は，このようにきわめて多い。集団生活ではたえず子どもは数量を扱っているから，子どもの行動の中でどの程度の理解をもっているか判断し，この3例のように適切な援助をすることが大切である。

5．順序数・その他

　子どもは，集合数として理解した数の範囲ならば，順序数として扱うときも決して間違えない。したがって順序数はこの範囲で扱うとよい。計数は年齢につれて大きい数まで数えられるようになるが，10以上では10ごとにまとまりをつけると，十進法を理解する基礎となる。たとえばおはじきやトランプを数えるときは10ごとに山をつくり，ブランコやトランポリンで回数を数えるときは，10ごとに指を折らせるのもよい。

6．形と空間

(1) 形を見分ける

　子どもは乳児期から，物の形・色などをよく見分けている。5，6カ月の乳児でも特定のおもちゃなどを持とうとし，遠くから見ても欲しがるのは，形を見分けているからである。人見知りは，家族や親しい人の顔を見分けていることを示す。絵や写真でもイヌ・ネコを見分けて覚えるのは，形の特徴を把握するからである。3歳ごろには商品のマーク，乗り物の種類を見分け，4，5歳になれば車の型や昆虫の種類など，驚くほど細かい部分を見分けて記憶する。
　このように形を見分ける力は，視覚とともに子どもに備わった能力で，むしろ大人よりも鋭いとさえいえる。実際に子どもの作品などは，保育者に区別がつかなくても子どもどうしではよく見分けて，他の子どもの作品と間違えることはない。

(2) 図形

　物の形は限りなく多いが，その中で円・三角形・四角形などで代表されるものを幾何図形，または単に図形という。幾何図形は単純な形なので，子どもに

理解しやすく思われるが，抽象的であるためにかえって理解しにくい。

　3歳児では，円周状の曲線を見ると，半円程度の曲線でも「まるい」と言う。鋭角を見ると「さんかく」と言い，直角1つを見て「しかく」と答える。「まるをかいてごらん」と言うと，円が閉じていなくても，少々形がゆがんでいても「まるを描いた」と言い，三角形では鋭角，四角では直角1つを描いて「しかく」と言うことがある。まだ図形を部分的にとらえている段階なのである。

　4歳児ではかなり完全な円を描くが，円を描いてからすぐ「リンゴ」「ミカン」などと具体物に見立て，それらしく色をぬったり，軸など描き足すことが多い。四角についても同様で，洗濯機・冷蔵庫・ビルなどに見立て，冷蔵庫の扉のとってや，ビルの窓を描き加える。これは，子どもにとって具体物の形のほうがはるかに親しみやすいことを示している。

　実際，子どもの生活の中で円・正方形・三角形などを見分けなければならないことはほとんどない。これは大人も同じで，「まる」「しかく」は言葉として厳密な使い方をしていない。複雑な具体物の形ならば素早く，正確に見分ける子どもが，抽象的な図形を扱いにくいのは，このためと考えられる。

　したがって図形については，3歳児後半ごろから「まる・しかく」などの言葉を少しずつ使っていく程度でよい。4歳児では室内で「まるいもの探し」などをすることができる。これは見立てと逆の思考になる。生活の中ではおやつのときに丸いせんべいと四角いビスケットを組み合わせる。石けりや陣取り鬼などをするとき，地面に丸や四角の図形を描くなどがある。

7．重　　さ

　子どもは，まだ重さを物の属性としてとらえるよりも，持ったとき「重い」という身体的な感覚としてとらえていることが多い。むしろその感覚が大切なので，特に数えたり，訂正する必要はない。身体測定などのとき，「あなたは何キロよ。この前より増えたのね」というような語りかけをごく自然にするとよい。

　「活動を中心とした計画例」（138ページ参照）では，芋掘りをすると子どもが，必ず大きさ・重さに関心を持つことを活かすために，5歳児室に台秤2台を置いている。秤の目盛を読む必要はないが，2台並べておけば針の動きからどち

らが重いかすぐわかるので，子どもでも十分重さを比べることができる。もちろん目盛を読もうとする子どもには教えるとよい。

　数はこのように，子どもがその生活の中で自ら学びとることによってのみ理解されるもので，その指導は環境による教育そのものと言って過言ではないのである。

> 〈参考〉　保育のための計画

I　保育計画の必要性

　幼児期は，人間の生涯を通じて成長が最も速い時期である。毎日同じ遊びを繰り返しているように見えても，その間に道具や素材を使いこなし，新しいものを加えてたえず成長を続けていく。子どもはある活動に十分満足すれば次の活動に移っていくが，個々の活動は決して無関係に起こるものではなく，いつも子どもどうし影響を受け合い，前の活動を土台として発展する。

　１つの活動から次の活動へと発展するためには，保育者が子どもの発達を見通して，教材を用意し，環境を整えておくことが大きな役割をする。

　また，四季の流れは子どもの成長の間にたえず移り変わっていく。季節の変化をよく感じさせるには，前々から計画を立てておかなければならない。たとえば秋の稔りを知るには，春に種子をまき，成長や花を見る経験をもっていれば，ただ果物や野菜を見るよりもっと深く感じとることができよう。

　このほか，園には入園・卒園の時期があり，運動会その他の行事，身体測定，家庭訪問など重要でしかも多様な仕事も多い。このような諸行事に妨げられることなく，こうした行事を子どもの活動の中に十分に活かしていくためには，長期の見通しをもった保育計画がぜひ必要となる。この計画は，保育者だけでなく全職員が共通理解をもち，また家庭にもよく知らせれば，より大きな効果をあげることができよう。

II 計画の方針

1. 年次・年間計画

　年次計画は就園児の年齢に合わせて，2年またはそれ以上の在園期間を通した計画である。年次計画では，子ども個々の発達と集団全体としての成長を中心に，前年次の経験を活かすように計画を立てる。

　年間計画は四季の変化に重点をおく。特に生物教材では，季節をはずすと繰り返しができないことが多いから，地域の気候に従って種まきや収穫の時期，小動物の飼育などを配置する。春花が咲く草木，越冬する昆虫や卵の観察などは，年度が変わっても続けられるように年次計画と合わせて計画するとよい。子どもの発達を年次計画の縦糸とし，年間計画は季節変化を横糸として繰り返して織り込むことが基本方針といえよう。

2. 活動を関係づける

　一つ一つの活動は互いに関連をもつように配列し，全体として何をとらえるかを考えておく。特に5歳児は知識をまとめようとする時期なので，この配慮が必要となる。

　たとえば春から夏にかけて，種まき，オタマジャクシの飼育を計画するならば，動物・植物の成長の姿を感じさせることができる。春はまた入園や進級の時期で，子どもたちは「大きくなった」という自覚を持っているから，「成長」としてまとめることができよう。子どもの身体測定もこの中に含まれる。

　種をまき，苗を植えると，毎日水をやらなくてはならない。オタマジャクシを飼って水槽の水をかえる，小鳥に水を与えるなどの作業も生物の生活に水が大切であることを感じさせる。子どもの日常生活では，手洗い・うがい・食事にも水はいつも使われている。このような体験を重ねながら雨の季節に入れば，子どもの身辺から始まって雨の重要さを感じとらせることができよう。

　雨について各地のニュースをテレビなどで見ることが多いから，随時話し合いに取り上げていけば，テレビの見方の指導も兼ねることになろう。こうして

植木鉢にジョウロで水をかける作業を起点として，大きな自然や産業にも，水を媒介として子どもの視野を拡げ，水に関心をもたせることができる。7月に入っての水遊び，プールや海・川の活動や夏休みの注意は，このように互いに関係づけられた体験があって活かされていく。

3. 他領域との関連

第1部で述べたように，領域は子どもの活動を区分するものではなく，活動を見る保育者の視点である。素材や道具を扱うことは種まきよりも製作によく現れるし，雨と農業や水道の関係は社会環境の一部でもある。数量の理解は日常の片づけ・食事，話し合いの中で養われることが多い。そして話し合いは，言葉・人間関係そのものである。

したがって保育案を立てるときは，全領域にわたって検討し，子どもの1つの活動を各領域から見て配列しなければならない。子どもが十分に活動できる時間は1日のうちで限られていて，しかも各自が活動にとけ込むには時間がかかる。もし領域別に計画を立て，学校教育の時間表のように区分すると，子どもが熱中する前に領域活動は終わってしまうことになる。前例にあげた種まき・雨・水のように，各領域に展開できる主題を選んでいかなければならない。

4. 行事との関係

幼児教育では入園・卒園・運動会・遠足など一般公教育の行事のほかに，七夕，ひなまつり，クリスマス，その他の行事を取り入れているところが多い。極端な場合は行事中心に保育案が立てられ，日常保育は単にその準備という場合もあって，しばしば問題とされている。

しかし日本古来の伝統的行事は，日本の風土の中ではぐくまれたものなので，季節感の一部として伝承したいものが多い。特に長時間子どもが生活する保育所や施設では，家庭的な雰囲気の中で保育者も子どもも楽しめる機会とするならば，伝統行事は十分意義あるものとすることができよう。

運動会や園外保育は，日常活動をまとめ，新しい刺激を得る点で意味がある。

たとえば運動会では，子どもたちの期待の中で日付けや曜日を読み取ったり数えたりすることができる。またよく運動会が行われる9月・10月は天候の変

動が激しく，台風が来ることも多いので，気象に関心を持つよい機会となる。競技は順番や数に関係することが多い。運動会は活発な身体運動をさかんにする目的だけでなく，保育者の視点によってこのように多面的な活動を引き出す機会となる。

　子どもの記憶はまだ断片的なので，4歳児が翌年まで運動会のことをよく覚えているとはかぎらない。したがって運動会や発表会は，その前の練習よりもむしろその後にどんな変化が子どもに起こるかに注意する必要がある。特に年少児には，年長児の活動を見て，新しい目標を自分で見出すよい機会となる。

　ある園では，運動会後4歳児が3回にわたって運動会ごっこを繰り返し，その度に跳び箱を跳べる子どもが増え，ドッジボールやリレーのグループができたことを観察している。また他の園では，運動会に5歳児がなわとび競争をし，4歳児には運動会の記念品としてなわとびのなわをわたしている。そこで4歳児は，すぐなわとびを始め，4歳児後半の間に全員跳べるようになるという。

　保育案を立てるときは，行事中心で行事のために日程を考えるのではなく，この行事からどれだけ子どもの活動や新しい目標を引き出せるかを考え，取捨選択しなければならない。

III　保育計画例

1．年次・年間計画

　表11-1（138ページ）は，これまで述べてきた3歳以上の子どもの発達・目標・活動を，年間・年次に従って配列したものである。横欄（上段）に年次計画・縦欄に年間計画を置き，縦横の交点にそれぞれの年齢・季節のおもな活動が記され，年間計画では季節変化に従って各年齢層に共通の大きなテーマを決めている。

　幼児教育の目標は心情・意欲・態度なので，一般に園の保育計画ではこの目標を具体化し，月別のねらいを「よろこんで園に通う」「自分で遊びをみつける」「友達と遊ぶことを楽しむ」というように示されていることが多く，また園独自の教育方針で「神様（仏様）に感謝する」等のねらいがあげられているところ

もある。ここで月別にあげているテーマは、それぞれの園固有のねらいが果たされる場としての環境を中心としたものだから、どのようなねらいとも重ねて考えることによって、それぞれの園のねらいを週案、日案の具体的活動計画へとつなぐ一貫した基準となるはずである。

　また年間計画で共通のテーマをもつことは、子どもにとっては繰り返しの機会を増し、予測する力をつける。子どもの自発活動や話し合いを育てるには、このような条件が大きな役割をする。保育者にとっては教材管理などの面で互いに協力しやすくなり、より大きな保育効果をあげることができよう。

　このような表は、保育者の間で十分に意見を交換し、協力しなければ作り上げることはできない。また計画した後も、たえず検討し合って修正していく必要がある。しかしこの条件が整うならば、保育者は毎日の活動が子どもの成長にどんな役割を果たしているかを互いに理解することができる。

2．月　　案

　月案は年次・年間計画の大きな方針の上に決められる。園生活は週で区切られるから、月と週の重なりにはこだわらずに、大まかに週の区切りをその月の区切りと考えるほうがよい。**表2**（140ページ）は、上記の年次・年間計画にもとづいた月案例である。

　この例では、新入園児は園で安定した生活ができることを中心に置いている。この中には、当然園の設備・遊具・道具などになれ、使いこなす過程が含まれる。季節のテーマとしては「成長」を取り上げて小さいものが育つことに焦点を合わせている。5歳児では年少新入園児に対して年長児としての自覚をもち、世話をしたり関心をもって見守ると同時に、弟妹（赤ちゃん）のいる子どもに体験を話す機会をつくり、自分たちにも赤ちゃんの時代があったことに気づくようにする。このために赤ちゃんのときの写真を家庭に頼んで借りるようにしたり、入園当時の写真を準備しておく。そして、小さい子どもの世話から母親の仕事を確認し、「母の日」の行事を取り上げている。さらに自分たちも何かを育てようとする意欲へ導いて、栽培・飼育を始める。身体測定も含めて、この月全体が成長というテーマに統合されているのである。

〈参考〉保育のための計画

表1　年次・年間

	年　次　計　画		3　歳　児
年間計画	年齢層の交流をさかんにして、お互いの活動を知り、目標を持つ。／同じ教材で一貫した活動の展開をはかる。	物を扱う／生物を知る	物にふれる、使う、集める。いろいろの生物があることを知る。
		数　　量	対応を知る。物の種類を知る。片づける。集合数を扱う。個物を取る、数える。
		図書活用	読みきかせを聞く。自分で見る。
		集団育成	保育者、年長児との結びつきを深める。
	テーマ	活動と教材	行　　事	

季節	テーマ	(月)	活動と教材	行　事	3歳児
春	成長	4〜5	菜の花、チューリップ／メダカ、ジュウシマツ(通年飼育)／種とり　種まき／苗植え　球根掘り上げ／オタマジャクシ	入園／梨の花を見る散歩／筍を見る小遠足(5歳)／母の日／身体測定	対応を知る、クラス・友人・場所・持ち物がわかる。／園の遊具、動植物を見る。／花を摘み、かざる。(タンポポ・菜の花)／好きな物を集める。(宝箱)／年長児とサツマイモを植える。
夏	水・気象	6〜8	虫さがし(畑)　アオムシ／カタツムリ　→水／水遊び／プール、川、海、舟／山・野外活動など	七夕／プール遊び／水泳	年長児の飼育動物、畑の様子を見る。／水遊びを始める。道具を使う。／暑くなるにつれ、しだいに全身をぬらすことになれる。／プール遊び
					夏休み
秋	気象・実り	9〜11	大きな自然を感じる／球根(チューリップ)植え／水栽培(ヒヤシンス)／種とり(ヒマワリ、ジュズダマ)／芋掘り(畑)／たき火	キャンプ(5歳)／梨もぎ遠足／運動会／身体測定／動物園小遠足(4・5歳)	ジュズダマ・ドングリを集める。ジュズダマをつなぐ。／サツマイモを掘る、食べる。／動物の製作
冬	冬越・日光・早春	12〜3	冬仕度(暖房)／越冬する生物(畑を見回る)／コマ回し／日なたと日かげ／春を待つ(畑の手入れ、見回り)	クリスマス／正月／交通博物館見学(5歳)／ひな祭り／卒園	コマ回し、年長児の遊びを見る。／コマ作り。／日なたで遊ぶ。／年長児の総合活動に加わる。

注：この計画は東京都内の幼稚園の保育計画を参考として編成したものである。

計画例

4　歳　児	5　歳　児
試したり使ったりして，物や道具の性質を知る。 生物それぞれの生活を知る。	物や道具の性質を知って活用する。 知識をまとめ，関連を知る。 生命の一まわりを知る。
対応を知る。物を整理する。集合数を扱う。 数える。取る。分ける。配る。量・重さを知る。	4歳児期に続いて数を扱いなれる。 月日，曜日，時間を扱う。 計量・測定の機会を増す。
読みきかせを聞く。時に応じて本・図鑑を見る。	目的に応じて本や図鑑類を活用する。
小グループで活動，交流する。	グループ交流から全体活動へ導く。
対応を知る（個人・クラス・持ち物・公共物など） おやつや材料を自分で取ったり分けたりする。 小鳥の世話をして3歳児と見る。 菜の花の種とりをして秋まで保存する。 トウモロコシ・アサガオ・ヒマワリをまく。 3歳・5歳とサツマイモを植える。	年少児と親しみ，生活習慣を教える。 身長測定，自分を知る（紙テープ）。 オタマジャクシを飼い，年少児に見せる。 畑を耕して苗を植える。（サツマイモ・キュウリ・ナス） チューリップを掘り上げて4歳児に渡す。 畑の手入れ。虫さがし
畑の虫さがし，カタツムリを飼う。 水遊び，水に浮ぶ物で舟を作る。 全身・顔をぬらすことになれる。 プール遊び	アオムシを飼う。 水遊び，水車・スクリューつきの舟。 川や海の本・図鑑を見る。 水　泳
登園日に畑や花壇を見る。	登園日に手入れ，キャンプの準備。
5歳児のキャンプの話をきく。 もって帰ったものを見る。夏休みの話をする。 梨もぎ遠足，木になっている果物を見る。 球根植え，水栽培(教師)。 種とり（ヒマワリ・トウモロコシ）種まき（コマツナ） サツマイモを掘る，洗って干す。大きさ比べ。	キャンプで山・川・畑・家畜を見る，石を集める。 梨もぎ，箱詰めや出荷を見る。 　産地→輸送→店の経路のおよそを知る。 サツマイモ掘り，大きさ，重さを比べる ふかして年少児に配る。 動物園の動物を見て生活を知る。
動物園再現活動。 コマ回し，コマ作り。 日なたで遊ぶ，レンズ・磁石を使う。 畑の見回り，まいた時や花の時を思い出す。 5歳児の総合活動に参加する。	コマ回し，コマ作り。 回るもの，回す力を知る。 交通博物館見学．乗り物・交通の知識を整理。 製作・社会見学の総合活動。ごっこ活動として年少児を招く。　　　　　　　　　　　　　卒園準備

表2　月　案（5月）　　　　　テーマ：成長

3　歳　児	4　歳　児	5　歳　児
安定して園で生活する。	安定して園で生活する。	できるだけ戸外で遊ぶ。
設備・道具・玩具などになれる。	設備・道具になれて使う。	園内動物の世話をする。
自分で遊ぶ。	自分で遊ぶ。	新入児を手伝う。
園内の動植物を見る。	園内の動植物を見る。	小さい人に気づく。
とってよい花・草の花を小さいビンにさして飾る。	小さいもの（芽生え・草・虫・小さい子ども・赤ちゃんなど）に気づく。	赤ちゃん（弟妹）のいる子どもに赤ちゃんの話をさせる。
		自分が赤ちゃんだったときのことを知る。
母の日	母の日	母の日
	アサガオのたねまき（全員）	たねまき・苗植え
	年長児の活動を見る，手伝う。	何を育てるか話し合ってグループをつくる。
		アサガオ，トウモロコシ，ヒマワリ，野菜苗，春植球根など
身体測定	身体測定	身体測定・年少児を手伝う。
	ナノハナのたねとり	サツマイモを植える準備

3．週案と日案

　週案・日案はクラスの子どもの活動に従い，保育者の判断によって変化をつけやすいことを第一に配慮しなければならない。自然にかかわる活動は天候によることが多いから，雨天のときはどうするか考えておくと同時に，そのとき，気象そのものを題材として活かすことも大切である。とくに入園や学期始め，年少児では，状況に応じて変化をつけられる余裕が必要となる。

　表11-3は3歳児10月第3週の例である。子どもの状態は，運動会が終わって共通話題が増し，しだいにクラスとしてまとまりをもち始める時期といえる。

表3　週　　案　　　（10月第3週　3歳児）

○畑に出て，サツマイモの収穫に期待をもって見る。
○雑草の花を取ってさす。オオバコで遊ぶ（2人組）
　ジュズダマを取る（保育者が針で糸を通し，ゆびわ，うでわを作って見せる）
○散歩……（色づき始めた柿の木のある家，塀にツタがからんだ家のある道を通る。）
○おやつに果物（リンゴ1/6切れづつ）を食べる（1回）。ビスケットで長四角を導入する。
○本読みに秋の題材のものを取り入れる。
○週末にグリーンボードの絵を変える（柿の実のある風景）。
　来週，子どもの家庭から柿の実のついた枝がとどく予定。

4月以来，畑の中，垣根ぎわなどの小さな雑草を摘んでさすことを習慣のようにし，この週では2人向き合って遊ぶ草花遊び（2人組つくり）に持ち込んでいる。週1回，天気のよい日にコースを変えて散歩をする。絵本は，年々の科学もの雑誌を月別に整理しておき，その季節の本を室内に置く。

日案は子どもの活動をよく観察し，十分に遊べない子どもたちのために新しい材料を整えたり，グループ交流をはかるように考えて立てる。したがって今日の観察記録が明日のよい日案を作ると考えてよい。1週間まとめて日案を立てるときも，実際にはたえず子どもの動きによって修正していく心構えを持つ必要がある。

表11-4は1月第4週で，正月遊びのコマ回しを続けているグループ，紙ヒコーキ・レンズ遊びのグループが多い中で立てられている。女児はなわとびを続けてできる者が増え，寒さがきびしいのでトランポリンやブランコなど活発な

表4　日　　案　　　（1月第4週　金曜日　4歳児）

午前：なわとび，ブランコで遊ぶグループに，20まで数えるように助ける。コマまわしのできない子どもたちを，コマ作りにさそう。コマ作りの材料を揃えておく。色をつける予定。コマができたら，全員でコマを回す。
午後：昼食後「3びきのくまと女の子」を読む。大・中・小と3個を繰り返す。2月中旬ごろまでに劇遊びに導入する予定。

〈参考〉保育のための計画

表5　活動を中心とした計画　　（「サツマイモ」5歳児）

	材　料　の　準　備	子　ど　も　の　反　応（記録）
4月20日	植木鉢の受け皿に水を入れ、サツマイモ、ジャガイモ、ヤツガシラを別々に入れて日の当たる廊下のテーブルに出しておく。	「おいもだ、おいもだ」とよってきて見る。名前を聞いたり、しらべようとする子が出てくる。
	苗屋にサツマイモの苗の予約をする。	
5月6日	ジャガイモ・サツマイモの芽がのびてくる。（4，5歳児がアサガオの種をまく）	2人の子どもが、家から白い芽が長くのびたジャガイモを持ってきた。日当りのよい場所においた芽とくらべる。
24日	おやつにサツマイモをふかして出す。サツマイモの苗を植える話をする。	おいもはタネがないのかと聞く子どもがいる。
	昨年植えたことを思い出して、どんな仕事があるか考える。	全員、芽がのびたサツマイモに注意を向けるようになる。
27日	（4歳児が畑の草を取る）	
29日	畑の土を5歳児全員で耕し、うねを作る。	
30日	朝、届いた苗をクラス別に分けておく。黒板に図を書いて植え方を説明する。	何回も黒板の前で見ている子どもがいる。全員が「あした植える」と楽しみにしている。
31日	畑に出て苗を植える。	バケツで水を運び、少しづつジョロで水をやる子どもがいる。
6月	草とり	3日後雨が降ったので、子どもたちは「よかったね」と言い合っている。
7月	草とり、虫深し	
9月	草とり、虫深し、土の中のイモをさぐってみる。	イモ畑からつかまえてきた虫をまた畑に返しに行く。
10月20日	イモ掘りの時期になったことを話す。どんな仕事があるか話し合う。グループ別に分担をきめる。	イモについての話題がふえる。土の中のイモをさぐりに行く子どもがふえる。
22日	つるを切り、集めて積み上げる。1人1株ずつ掘る。箱車に入れてテラスに運び、土をおとして洗って干す。台秤を2台保育室に置く。	つるから白い汁がでるなど、発見が多い。進んでさまざまの仕事をする。
23日	大きい順に並べる。予測を立てて、重さを測る。くらべる。	重さを測ることに熱中する。「どっちが重いか」あてっこする。しだいに予測がうまくなる。
30日	イモを洗い直し、切っておやつにふかす。年中・年少クラスに届ける。（3回）	同じくらいの大きさに切ろうと努力する。
12月	残りのイモでイモ判を作る。年賀状・クリスマスカードに発展をはかる。	

遊びが多い。この中でコマ回しにしめくくりをつけ，2月に計画している劇活動へと準備を進めている保育者の意図を知ることができる。

4. 長期にわたる活動計画

　野菜などの栽培・花壇の花作りを手順よくするには，年間を通して日程を考えておかなければならない。表11-1のサツマイモ作りのように全員が参加する大きな活動では，活動を中心とした予定表を別に作っておくと便利である。表11-5は5歳児の活動を中心とした計画表である。

課　題	付　録〈1〉

1．環境について，付録〈2〉の参考図書を折りにふれて読み，話し合う。
2．各年齢層の保育室と園庭，手洗いや洗い場などの位置を平面図に描いて頭に入れておく。子どもたちの動きに注意し，どこをどのように使うかを観察する。
3．通園路をいくつか実際に歩いて見て，どのような状況の中で通園するかたしかめる。
　　街路樹や道ばたの草，線路ぎわの雑草，花屋の店頭の花なども，季節によってどう変わるかを見る。草むらや石の下などにいる小さい虫を探して見る。
4．子ども向きの雑誌や絵本に，どのように自然が取り扱われているかを見る。また，テレビの番組の中で，幼児むきのお話・歌などを見て，どんなねらいで取り上げられているか，子どもに適当かどうか批判する。
　　以上のような読書・観察にもとづいて，子どもの生活，社会の状態，環境の重なりなどを討論する。
5．園舎・保育室・園庭の状態を観察し，道具・器具・材料の置き場を確かめる。また，保育者がどのような方針をもって教材を用意しているかを考えてみる。
6．子どもの目の高さに体をかがめて，園庭や室内の器物，ボートや壁にはってある絵や製作物がどのように見えるかを観察する。
7．子どもの安全や使いやすさのために，園内設備にどのような配慮がなされているか観察する。
8．固定遊具(ブランコ・ジャングルジム・鉄棒など)で遊ぶ子ども，小さい積み木やパズルを好む子ども，ままごとや工作，本を見る子どもなど，自由時間にどんな子どもがどんなものを使って遊ぶか観察する。

9．各年齢層の子どもが，道具や材料をどのように使っているか比較する。たとえばハサミ・スコップ・イチゴの箱などいくつか特定のものを決めて観察し，第2部の発達と比較して表示するのもよい。
10．園内の動植物について，年齢別にどのような反応を示しているか観察する。また子どもの経験や成育環境による違いがあるかどうか考え合わせる。
11．保育中に取り上げられる動植物(たとえばお話に出てくるヤギ・ニワトリ・カエル・カブ・ヤナギなど)について，子どもが実物を知っているかどうか，それによって反応がどう違うか観察する。
12．子どもが草や木の葉を遊びに取り入れているようすを観察し，自分の子どものころを想い出して比較する。
13．以上のような観察を他の園に行った友人と交換し合い，地域や家族状態を考え合わせる。

参考図書

付　録〈2〉

〈第1部〉
　　R. カーソン著，青樹築一訳『沈黙の春』新潮社　1974
　　石　弘之著『地球環境報告』岩波新書　1988
　　S. ジョージ著，小南祐一郎他訳『なぜ世界の半分が飢えるのか』朝日選書　1984
　　富山和子著『水と緑と土』中公新書　1974
　　L. ハワード他著，田村　明監訳『酸性雨』新曜社　1986
　　K. ローレンツ著，日高敏隆訳『ソロモンの指輪』早川書房　1987
　　沼田　真著『環境教育論―人間と自然のかかわり』東海大学出版会　1982
　　吉田文和著『ハイテク汚染』岩波新書　1989
　　向後元彦著『緑の冒険』岩波新書　1988
　　遠山柾雄著『砂漠を緑に』岩波新書　1993
　　村井吉敬著『エビと日本人』岩波新書　1988

〈第2部〉
　　中沢和子著『イメージの誕生』NHKブックス　1979
　　高橋たまき著『乳幼児の遊び―その発達プロセス』新曜社　1984
　　森上史朗ほか編『保育の科学（別冊発達）』ミネルヴァ書房　1988
　　無藤　隆著『テレビと子どもの発達』東京大学出版　1987
　　内田伸子著『ごっこからファンタジーへ』新曜社　1987
　　R. カーソン著，上遠恵子訳『センス・オブ・ワンダー』新潮社　1996

〈第3部〉
　　中沢和子著『新版幼児の科学教育』国土社　1985

中沢和子著『幼児の数と量の教育』国土社　1981

絵本その他
　　三芳悌吉　文・絵『川とさかなたち』福音館
　　高橋　清　絵　　『道ばたの四季』福音館
　　薮内正幸　文・絵『にわやこうえんにくるとり』福音館
　　得田之久　文・絵『昆虫　ちいさななかまたち』福音館
　　中沢和子作『たね』フレーベル館
　　中沢和子作『あな』（かがくのとも）福音館
　　中沢和子作『3・さん・みっつ』小学館
　　中沢和子作『ひとつ　ちがう』小学館
　　中沢和子作『おおきなかず』小学館
　　中沢和子作『おおい　すくない』小学館
　　飼い方・育て方の解説があるもの，たとえば，科学のアルバム全60巻，あ
　　　かね書房など

幼稚園教育要領（抄）
〈環　境〉

文部科学省　（平成20年　3月28日告示）
　　　　　　（平成21年　4月1日施行）

付　録〈3〉

> 周囲の様々な環境に好奇心や探究心をもってかかわり，それらを生活に取り入れていこうとする力を養う。

1　ねらい
  (1)　身近な環境に親しみ，自然と触れ合う中で様々な事象に興味や関心をもつ。
  (2)　身近な環境に自分からかかわり，発見を楽しんだり，考えたりし，それを生活に取り入れようとする。
  (3)　身近な事象を見たり，考えたり，扱ったりする中で，物の性質や数量，文字などに対する感覚を豊かにする。

2　内容
  (1)　自然に触れて生活し，その大きさ，美しさ，不思議さなどに気付く。
  (2)　生活の中で，様々な物に触れ，その性質や仕組みに興味や関心をもつ。
  (3)　季節により自然や人間の生活に変化のあることに気付く。
  (4)　自然などの身近な事象に関心をもち，取り入れて遊ぶ。
  (5)　身近な動植物に親しみをもって接し，生命の尊さに気付き，いたわったり，大切にしたりする。
  (6)　身近な物を大切にする。
  (7)　身近な物や遊具に興味をもってかかわり，考えたり，試したりして工夫して遊ぶ。
  (8)　日常生活の中で数量や図形などに関心をもつ。
  (9)　日常生活の中で簡単な標識や文字などに関心をもつ。
  (10)　生活に関係の深い情報や施設などに興味や関心をもつ。

(11) 幼稚園内外の行事において国旗に親しむ。

3　内容の取扱い

上記の取扱いに当たっては，次の事項に留意する必要がある。

(1) 幼児が，遊びの中で周囲の環境とかかわり，次第に周囲の世界に好奇心を抱き，その意味や操作の仕方に関心をもち，物事の法則性に気付き，自分なりに考えることができるようになる過程を大切にすること。特に，他の幼児の考えなどに触れ，新しい考えを生み出す喜びや楽しさを味わい，自ら考えようとする気持ちが育つようにすること。

(2) 幼児期において自然のもつ意味は大きく，自然の大きさ，美しさ，不思議さなどに直接触れる体験を通して，幼児の心が安らぎ，豊かな感情，好奇心，思考力，表現力の基礎が培われることを踏まえ，幼児が自然とのかかわりを深めることができるよう工夫すること。

(3) 身近な事象や動植物に対する感動を伝え合い，共感し合うことなどを通して自分からかかわろうとする意欲を育てるとともに，様々なかかわり方を通してそれらに対する親しみや畏敬の念，生命を大切にする気持ち，公共心，探究心などが養われるようにすること。

(4) 数量や文字などに関しては，日常生活の中で幼児自身の必要感に基づく体験を大切にし，数量や文字などに関する興味や関心，感覚が養われるようにすること。

第1章　総　　則

第1　幼稚園教育の基本

幼児期における教育は，生涯にわたる人格形成の基礎を培う重要なものであり，幼稚園教育は，学校教育法第22条に規定する目的を達成するため，幼児期の特性を踏まえ，環境を通して行うものであることを基本とする。

このため，教師は幼児との信頼関係を十分に築き，幼児と共によりよい教育環境を創造するように努めるものとする。これらを踏まえ，次に示す事項を重視して教育を行わなければならない。

1　幼児は安定した情緒の下で自己を十分に発揮することにより発達に必要な体

験を得ていくものであることを考慮して，幼児の主体的な活動を促し，幼児期にふさわしい生活が展開されるようにすること。
2　幼児の自発的な活動としての遊びは，心身の調和のとれた発達の基礎を培う重要な学習であることを考慮して，遊びを通しての指導を中心として第2章に示すねらいが総合的に達成されるようにすること。
3　幼児の発達は，心身の諸側面が相互に関連し合い，多様な経過をたどって成し遂げられていくものであること，また，幼児の生活経験がそれぞれ異なることなどを考慮して，幼児一人一人の特性に応じ，発達の課題に即した指導を行うようにすること。

その際，教師は，幼児の主体的な活動が確保されるよう幼児一人一人の行動の理解と予想に基づき，計画的に環境を構成しなければならない。この場合において，教師は，幼児と人やものとのかかわりが重要であることを踏まえ，物的・空間的環境を構成しなければならない。また，教師は，幼児一人一人の活動の場面に応じて，様々な役割を果たし，その活動を豊かにしなければならない。

第2　教育課程の編成

幼稚園は，家庭との連携を図りながら，この章の第1に示す幼稚園教育の基本に基づいて展開される幼稚園生活を通して，生きる力の基礎を育成するよう学校教育法第23条に規定する幼稚園教育の目標の達成に努めなければならない。幼稚園は，このことにより，義務教育及びその後の教育の基礎を培うものとする。

これらを踏まえ，各幼稚園においては，教育基本法及び学校教育法その他の法令並びにこの幼稚園教育要領の示すところに従い，創意工夫を生かし，幼児の心身の発達と幼稚園及び地域の実態に即応した適切な教育課程を編成するものとする。

1　幼稚園生活の全体を通して第2章に示すねらいが総合的に達成されるよう，教育課程に係る教育期間や幼児の生活経験や発達の過程などを考慮して具体的なねらいと内容を組織しなければならないこと。この場合においては，特に，自我が芽生え，他者の存在を意識し，自己を抑制しようとする気持ちが生まれる幼児期の発達の特性を踏まえ，入園から修了に至るまでの長期的な視野をもって充実した生活が展開できるように配慮しなければならないこと。
2　幼稚園の毎学年の教育課程に係る教育週数は，特別の事情のある場合を除き，

39週を下ってはならないこと。
3　幼稚園の1日の教育課程に係る教育時間は，4時間を標準とすること。ただし，幼児の心身の発達の程度や季節などに適切に配慮すること。

第3　教育課程に係る教育時間の終了後等に行う教育活動など
　幼稚園は，地域の実態や保護者の要請により教育課程に係る教育時間の終了後等に希望する者を対象に行う教育活動について，学校教育法第22条及び第23条並びにこの章の第1に示す幼稚園教育の基本を踏まえ実施すること。また，幼稚園の目的の達成に資するため，幼児の生活全体が豊かなものとなるよう家庭や地域における幼児期の教育の支援に努めること。

保育所保育指針（抄）
〈環　境〉

厚生労働省　（平成20年3月28日告示）
　　　　　　（平成21年4月1日施行）

付　録〈4〉

　　［周囲の様々な環境に好奇心や探究心を持って関わり，それらを生活に
　　　取り入れていこうとする力を養う。］

（ア）ねらい
① 身近な環境に親しみ，自然と触れ合う中で様々な事象に興味や関心を持つ。
② 身近な環境に自分から関わり，発見を楽しんだり，考えたりし，それを生活に取り入れようとする。
③ 身近な事物を見たり，考えたり，扱ったりする中で，物の性質や数量，文字などに対する感覚を豊かにする。

（イ）内　容
① 安心できる人的及び物的環境の下で，聞く，見る，触れる，嗅ぐ，味わうなどの感覚の働きを豊かにする。
② 好きな玩具や遊具に興味を持って関わり，様々な遊びを楽しむ。
③ 自然に触れて生活し，その大きさ，美しさ，不思議さなどに気付く。
④ 生活の中で，様々な物に触れ，その性質や仕組みに興味や関心を持つ。
⑤ 季節により自然や人間の生活に変化のあることに気付く。
⑥ 自然などの身近な事象に関心を持ち，遊びや生活に取り入れようとする。
⑦ 身近な動植物に親しみを持ち，いたわったり，大切にしたり，作物を育てたり，味わうなどして，生命の尊さに気付く。
⑧ 身近な物を大切にする。
⑨ 身近な物や遊具に興味を持って関わり，考えたり，試したりして工夫して遊ぶ。
⑩ 日常生活の中で数量や図形などに関心を持つ。
⑪ 日常生活の中で簡単な標識や文字などに関心を持つ。
⑫ 近隣の生活に興味や関心を持ち，保育所内外の行事などに喜んで参加する。

第3章　保育の内容

　保育の内容は，「ねらい」及び「内容」で構成される。「ねらい」は，第1章（総則）に示された保育の目標をより具体化したものであり，子どもが保育所において，安定した生活を送り，充実した活動ができるように，保育士等が行わなければならない事項及び子どもが身に付けることが望まれる心情，意欲，態度などの事項を示したものである。また，「内容」は，「ねらい」を達成するために，子どもの生活やその状況に応じて保育士等が適切に行う事項と，保育士等が援助して子どもが環境に関わって経験する事項を示したものである。

　保育士等が，「ねらい」及び「内容」を具体的に把握するための視点として，「養護に関わるねらい及び内容」と「教育に関わるねらい及び内容」との両面から示しているが，実際の保育においては，養護と教育が一体となって展開されることに留意することが必要である。

　ここにいう「養護」とは，子どもの生命の保持及び情緒の安定を図るために保育士等が行う援助や関わりである。また，「教育」とは，子どもが健やかに成長し，その活動がより豊かに展開されるための発達の援助であり，「健康」，「人間関係」，「環境」，「言葉」及び「表現」の5領域から構成される。この5領域並びに「生命の保持」及び「情緒の安定」に関わる保育の内容は，子どもの生活や遊びを通して相互に関連を持ちながら，総合的に展開されるものである。

1　保育のねらい及び内容
（1）養護に関わるねらい及び内容
ア　生命の保持
（ア）ねらい
① 一人一人の子どもが，快適に生活できるようにする。
② 一人一人の子どもが，健康で安全に過ごせるようにする。
③ 一人一人の子どもの生理的欲求が，十分に満たされるようにする。
④ 一人一人の子どもの健康増進が，積極的に図られるようにする。
（イ）内　容
① 一人一人の子どもの平常の健康状態や発育及び発達状態を的確に把握し，異常を感じる場合は，速やかに適切に対応する。
② 家庭との連絡を密にし，嘱託医等との連携を図りながら，子どもの疾病や事故

防止に関する認識を深め，保健的で安全な保育環境の維持及び向上に努める。
③　清潔で安全な環境を整え，適切な援助や応答的な関わりを通して，子どもの生理的欲求を満たしていく。また，家庭と協力しながら，子どもの発達過程等に応じた適切な生活リズムが作られていくようにする。
④　子どもの発達過程等に応じて，適度な運動と休息を取ることができるようにする。また，食事，排泄，睡眠，衣類の着脱，身の回りを清潔にすることなどについて，子どもが意欲的に生活できるよう適切に援助する。
イ　情緒の安定
（ア）ねらい
①　一人一人の子どもが，安定感を持って過ごせるようにする。
②　一人一人の子どもが，自分の気持ちを安心して表すことができるようにする。
③　一人一人の子どもが，周囲から主体として受け止められ，主体として育ち，自分を肯定する気持ちが育まれていくようにする。
④　一人一人の子どもの心身の疲れが癒されるようにする。
（イ）内　容
①　一人一人の子どもの置かれている状態や発達過程などを的確に把握し，子どもの欲求を適切に満たしながら，応答的な触れ合いや言葉がけを行う。
②　一人一人の子どもの気持ちを受容し，共感しながら，子どもとの継続的な信頼関係を築いていく。
③　保育士等との信頼関係を基盤に，一人一人の子どもが主体的に活動し，自発性や探索意欲などを高めるとともに，自分への自信を持つことができるよう成長の過程を見守り，適切に働きかける。
④　一人一人の子どもの生活リズム，発達過程，保育時間などに応じて，活動内容のバランスや調和を図りながら，適切な食事や休息が取れるようにする。
（２）教育に関わるねらい及び内容
ア　健康　　　　　　（略）
イ　人間関係　　　　（略）
ウ　環境　　　　　　（前出）
エ　言葉　　　　　　（略）
オ　表現　　　　　　（略）
　　　　　　　　　　　　　　　　　　　　　　　　　　　　（以下略）

〈著　者〉

中沢和子（なかざわ　かずこ）
1927年　東京生まれ
1953年　東京大学理学部植物学科卒業
1958年　同大学院(旧制)満期退学
　　　　東洋英和女学院短期大学助教授を経て
　　　　上越教育大学教授，同付属幼稚園園長を務める
　　　　元川村学園女子大学教授
著　書　「幼児の科学教育」（国土社）
　　　　「イメージの誕生」（NHKブックス）
　　　　「幼児の数と量」（国土社）
　　　　「教育は何をのこしたか」（国土社）　その他

撮　　影／細川ひろよし　　中沢和子他
撮影協力／あおぞら幼稚園　　港南台幼稚園
　　　　　城西幼稚園　　かぐのみ幼稚園
　　　　　東京都練馬区立川南幼稚園
　　　　　東京都中野区立野方ベビー保育園
　　　　　東京都板橋区立上板橋保育園
　　　　　東京都板橋区立向原保育園
　　　　　慈愛会保育園

新保育内容シリーズ
＜新訂＞　子どもと環境

1990年 4 月16日　初版発行
2000年 3 月 1 日　改訂版発行
2008年 9 月15日　新訂版発行
2021年 4 月 1 日　新訂版 9 刷

著　者ⓒ　中　沢　和　子
発　行　者　　服　部　直　人
発　行　所　　株式会社　萌文書林

〒113-0021　東京都文京区本駒込 6-25-6
　　　　TEL（03）3943—0576（代）
落丁・乱丁本はお取替えいたします。　振替口座　00130-4-131092
印刷　あづま堂／製本　明光社

ISBN 978-4-89347-066-9 C3037